文春学藝ライブラリー

キリスト教講義

若松英輔　山本芳久

文藝春秋

キリスト教講義

目次

キリスト教講義

凡例

（1）本書における様々な書物からの引用に関しては、各引用文の最後にその出典と頁数を明記した。
（2）引用に際して、既存の翻訳を使用せずに訳しなおした場合には、「若松英輔訳」「山本芳久訳」と明記した。
（3）聖書からの引用に関しては、若松は「フランシスコ会聖書研究所訳」を、山本は「新共同訳」を使用した。あえて統一することはせず、対談の場にそれぞれが持参し読み上げたままの臨場感を生かすことを優先させた。
（4）引用にさいしては、表記や訳語などに関して部分的に変更した箇所がある。
（5）引用者による省略は「〔中略〕」で記した。
（6）〔　〕内は、引用者による補いである。

まえがき——「言葉」と出会う、「神」と出会う

山本芳久

イエス・キリストは、一冊の書物も書き残すことなく、十字架上で短い生涯を終えました。新約聖書は、「イエスが書いた書物」ではなく、「イエスについて書かれた書物」です。イエスについて書かれた書物は、新約聖書のみではありません。神学・哲学から文学や史学に及ぶまで、実に様々なことがらが、イエスとキリスト教について語られてきました。日本語で読めるものだけに限定しても、一人の人が一生をかけても読みきれないほどのキリスト教に関する書物が既に刊行されています。このように多数の書物が存在していることによって、わたしたちは実に多くのことがらを、イエスについて、そしてキリスト教について知ることができます。

ですが、実はそこには落とし穴もあります。あまりにも多くの書物が存在することによって、どの書物から手をつけたらよいのか、どの本に書かれていることを信頼すればよいのか、特別な知識を持たない読者にとっては、判断することがとても困難になっているからです。

キリスト教の教えは、それを必要とする人に充分に届けられていないのではないか。信仰の有無にかかわらず、日本人のキリスト教理解は、あまりにも一面的なものに留まり続けているのではないか。これまでの紹介のされ方とは角度を変えてキリスト教につ

いて語りなおしてみれば、キリスト教の存在意義が、より多くの人に伝わりやすくなるのではないか。若松英輔さんと私は、長らくそのような思いを共にしてきました。いっそのこと、わたしたち自身が、キリスト教について語りなおす書籍を公刊するのが最善の道なのではないか。そのような思いが形をとったのが『キリスト教講義』です。

私が若松さんと出会ったのは、キリスト教の日本における「文化内開花」を目指して活動を行っていた井上洋治神父が主宰していた「風の家」というカトリック教会内の一運動においてでした。今からおよそ四半世紀前のことです。今回、対談のために費やした時間は、さほど長いものではありません。ですが、この本のなかには、四半世紀にわたって積み重ねてきた二人の持続的な対話のエッセンスが、凝縮して表現されています。

本書は、『キリスト教入門』でもなければ、『キリスト教概論』でもありません。キリスト教についての入門書や概説書であれば、キリスト教の教義や、二千年に及ぶキリスト教の歴史など、多くの基本的なことがらを、順序立てて体系的に説明するという作業が必要になるはずですが、本書はそのようなことを目的とした書籍ではありません。

今回の対談の大きな特徴の一つは、聖書や神学・哲学から文学に及ぶ様々なジャンルの書物からの引用が数多く含まれていることです。わたしたち二人の声のみではなく、キリスト教について語る多様な著者の声が共鳴することによって、より豊かな言語宇宙の広がりが生まれてくれればと思い、対談に際して、毎回、キリスト教について語るための糸口になりそうなテクストをお互いに準備し、対談の場に持参しました。キリスト教に関するかなりの数の書物を読み続けてきた若松さんと私の、数十年間にわたる読書経験のエッセンスが、『キリスト教講義』には含まれています。アウグスティヌスやトマス・アクィナスから須賀敦子にまで及ぶこれらの多彩なテクストによって我々の対話に力が与えられたとも言えますし、我々の対話を通じて、これらのテクストに新たな生命が吹き込まれたとも言えると思います。

キリストは、人々の心を強く動かす言葉を語る力を有する人物でした。キリストの語った言葉という種は、二千年の歴史のなかで数え切れないほど多くの巨木へと育ち、今も人々を神との出会いへと導き続けています。キリストの語った言葉が種となり、アウグスティヌスの『告白』やトマス・アクィナスの『神学大全』といった巨木へと育っていったのです。

数々の巨木を生んだキリスト教の歴史は、引用すべき多様なテクストに充ち満ちています。そのなかには、未だ日本語訳されていないものも多数含まれています。ですが、今回の対談では、邦訳が刊行されている書籍を厳選して、対話の糸口にすることにしました。また、既存の訳をそのまま用いずに訳しなおした部分もありますが、基本的には、既存の訳を使用し、その書誌情報も本文のなかに入れました。引用文を読んで興味を抱いた読者が、引用元の書籍に直接手を伸ばすのが容易になるようにとの配慮からです。

本書におけるキリスト教の取り上げ方のなかには、従来のものとは異なる数々の斬新で挑発的な観点が含まれているかもしれません。ですが、わたしたちは、殊更に新奇なことを述べようとしたわけではありません。むしろ、聖書をはじめとしたキリスト教の古典の伝統へと深く沈潜し、丁寧に読み解くことを試みました。そのことによってこそ、手垢のついた通俗的なキリスト教理解を相対化する観点を提示することができると考えたからです。

キリスト教は意外と面白いのではないか。キリスト教は単なる過去の遺物ではなく現代においても知的刺激をもたらしてくれるものなのではないか。自分が漠然と求めていたものは実はキリスト教のうちに見出すことができるのではないか。そのように感じ取っていただける読者が一人でも多く出てきてくだされば、それ以上に嬉しいことはありません。

序章

キリスト教とは何か

若松　山本さんとの付き合いはもう、四半世紀になります。若くして——私の場合は幼児洗礼ですが——キリスト教に出会ったふたりが、井上洋治（一九二七〜二〇一四）という神父のもとで知り合って以来の親友でもあります。それだけではなく、分野は異なりながらも、互いにキリスト教をめぐって、あるいはキリスト教の視点をもって、それぞれの分野で仕事をしてきたという経緯があります。私自身は主に文学の領域で仕事をしていますが、山本さんは中世哲学、キリスト教哲学を専門とする研究者であり、この分野において、日本でもっとも信頼できる方だと思っています。文学と哲学、専門は異なりながらも、今だからこそ二人の間でキリスト教とは何かをめぐって、ある深い接点をもって話をできるのではないか、それがこの本での対話を始めるきっかけでもあります。

山本さんの研究テーマであるトマス・アクィナス（一二二五頃〜一二七四）は、日本語訳（創文社）で全四十五巻からなる『神学大全』という大著を書いた神学者であり哲学者、文字通りの知の巨人です。そして、そのスケールの広大というべき遺産は、語りつくされていない。

キリスト教を語る切り口は多様にあると思いますが、まず糸口として、トマスの思想をひとつの軸に置きながら、トマス以前、トマス以後の思想家、さらには彼の影響を受けた哲学、思想界以外の人々の言葉にふれつつ、今日におけるキリスト教の輪郭線をたどるところから始めてみたいと思います。

山本　若松さんと知り合ったのは私が大学二年生のときです。もう付き合いが二十五年くらいになりますね。私は若松さんのように文学中心ではなく、哲学や神学、とりわけ十三世紀のトマス・アクィナスという神学者について研究を続けてきたのですが、今にして思えば、トマス・アクィナスを研究テーマに選んだ最初のきっかけも、若松さんの存在だったのですね。当時、四谷のカトリック系の中央出版社（現サンパウロ）という書店で私が本を選んでいたところ、偶然そこにやってきた若松さんと二人で長い話をすることがありました。

そのときに本を眺めながら、トマスに興味があるならば、トマス研究の第一人者である山田晶さんの『在りて在る者』（創文社）という本を読むのがいいよ、と勧めてもらった。実際にその本を読んで、なるほど、日本にもこれほど本格的なトマスの研究書があるのかと驚かされ、大学の専門課程に進学してから、トマスを研究対象に選ぶことにしたのです。東大の哲学科には、中世哲学を専門としている先生も先輩もいなかったので、若松さんとの出会いがなかったら、トマスを研究することはなかったかもしれません。だから、若松さんとの出会いが私のいまに至る進路を決定づけたようなところもあるのですね。

以来、二十年以上にわたってトマスの著作を愛読してきました。なかなかその思想体系全体を伝えるということは難しいのですが、トマスのテクストにも随時触れながら、静的ではなく、むしろダイナミズムを持ったキリスト教のあり方を伝えることができればと思います。その入り口として、欧米で広く読まれているC・S・ルイスの本の引用から始めてみましょう。

C・S・ルイスといえば『ナルニア国ものがたり』（岩波少年文庫）で知られる児童文学作家ですが、じつはキリスト教神学にも非常に造詣が深い人物であって、欧米の書店に行くと、ルイスの数々のキリスト教入門書が置かれていることからもその広がりがわかります。なかでも複数の版が置かれるほどポピュラーなのが『キリスト教の精髄』（新教出版社）で、世界でもっとも読まれているキリスト教の入門書と言って間違いないでしょう。トマスを含むキリスト教神学の重要な流れを熟知したうえで、現代の我々にわかりやすい言葉で説明してくれている。そのルイスは、キリスト教の特徴について次のように書いています。

> もしキリスト教が、われわれのでっち上げたものであるならば、むろんわれわれはこれをもっと平易なものにすることができるだろう。だが、キリスト教はそんなものではない。平易さという点では、われわれは、新興宗教を発明する人たちに対抗することはできない。いや、対抗できるわけがない。われわれは事実と取り組んでいるのだから。事実に頭を悩まさないでいいのなら、むろん、いくらでも単純化できるはずである。（C・S・ルイス『キリスト教の精髄』柳生直行訳、新教出版社、二五五頁、傍点は原文）

これと同じようなことを別の箇所でも言っているので、もう一箇所見てみましょう。

実在するものは、たいてい、われわれの予測しえなかったものである。これは事実であり、またわたしがキリスト教を信ずる理由の一つでもある。キリスト教はわれわれの予測しえなかった宗教である。もしキリスト教が、わたしたちがつねに予想してきたような宇宙をわれわれに提示するにとどまったなら、それはわれわれ人間がでっち上げたものだ、とわたしはすぐに感じ取ったことだろう。ところが実際は、だれかがでっち上げたと思われるようなそんな代物《しろ》ではなく、ほんもの（実在的なもの）に特有なあの妙な癖とでもいうべきものを持っているのである。（同前、八〇頁）

キリスト教においては、イエス・キリストが中心的な存在になるのですが、キリストとは単なる人間ではなく、「神が人になったもの」と考えるのですね。神が人になったものであるにもかかわらず、神であるはずの存在が十字架にかけられ、とても悲惨な最期を遂げてしまった。それだけでも十分におかしな話であるのに、さらにキリストが復活したというのだから、非常に奇妙な話なわけですね。じっさい、こんなに奇妙なところのある教えがこれだけ世界中に広がっているというのは、とても不思議なことと言えると思います。

キリスト教の奇妙さ、難解さ

若松　世間的な常識をくつがえす力をイエスの生涯そのものが体現し、人々もそれを、常識を超えたところで受けとめた。キリスト教が大きな矛盾をはらんだところから生まれたというのは重要な点だと思います。

山本　さらに、ルイスがキリスト教とは何かを説明するにあたって、読者の注意を複数回にわたって喚起しているのが、キリスト教の複雑さ、奇妙さについてです。そう一口に言っても、何が複雑で奇妙なのか、なかなか伝わりづらいかもしれませんが、複雑さ難解さを切り捨てるのではなく、むしろそこに正面から向き合いながらキリスト教について考えていくことにしましょう。キリスト教の複雑さ、奇妙さ、難解さというものは、ルイス独自の考えではなく、聖書の中にも書かれています。新約聖書の「コリントの信徒への手紙　一」からです。

[6]わたしたちは、信仰に成熟した人たちの間では知恵を語ります。それはこの世の
知恵ではなく、また、この世の滅びゆく支配者たちの知恵でもありません。[7]わたし
たちが語るのは、隠されていた、神秘としての神の知恵であり、神がわたしたちに

栄光を与えるために、世界の始まる前から定めておられたものです。[8]この世の支配者たちはだれ一人、この知恵を理解しませんでした。もし理解していたら、栄光の主を十字架につけはしなかったでしょう。[9]しかし、このことは、
「目が見もせず、耳が聞きもせず、
人の心に思い浮かびもしなかったことを、神は御自分を愛する者たちに準備された」
と書いてあるとおりです。（「コリントの信徒への手紙　一」第二章第六―九節）

神が人になったのだけれども、人になった神が十字架上で悲惨な死を遂げ、復活したのだという。それは人々がいずれ起こるだろうと予測していたことではなく、「目が見もせず、耳が聞きもせず、人の心に思い浮かびもしなかった」（旧約聖書の「イザヤ書」からの引用）ようなことだ、と「コリントの信徒への手紙　一」の著者であるパウロは言うわけです。

これはまさに、ルイスの言う「奇妙さ」とも通ずるところです。非常に奇妙だからこそ、キリスト教の教えは手ごたえがあるのだ、本物なのだという発想は、キリスト教のごく初期から、新約聖書が成立した頃からあったものなのですね。キリスト教は決してわかりやすい教えなのではない。むしろキリスト教には、どこか人を驚かせるような、奇妙なところがある。そこにキリスト教の本質を理解するひとつの鍵があるのではない

か、と考えられる。

若松　ここでいう「難解さ」とは、具体的にどういうことでしょうか。もう少し補足してください。論理的な難しさ、とは少し性質の違うものですよね。

山本　そうですね。難解さではなく、奇妙さと言ってもいいのかもしれないですが、でもやはり、難解さという言葉があてはまる局面も多いと思います。

代表的な一神教にはキリスト教に並んで他にイスラム教、ユダヤ教がありますが、その二つの宗教からキリスト教が批判されるときに、しばしばキリスト教は純粋な一神教とは言えないのではないか、と言われることがあります。それというのも、キリスト教には三位一体論という教えがあるからです。つまり、キリスト教の神には、父と子と聖霊という三つのものがある。神学用語では、これらのものを「位格《いかく》（ペルソナ）」と言います。神は一なる存在であり、同時に三つの位格を有すると考えるわけです。そうすると、一神教とはいうけれども、父と子と聖霊という三つの位格があるのであれば、キリスト教は純粋な一神教ではないのではないか、と批判されることがある。

ではキリスト教徒にその点をどう説明するのか聞いてみて、一様に同じ答えが返ってくるかといえば、そうでもないはずです。そもそも、三位一体論そのものの説明をめぐって誰もが迷うことにも、その難しさが現れています。キリスト教には、何か単純ではない、一筋縄ではいかないところがある。ルイスの言い方を借りると、それは、単なる「論理的な難しさ」というよりは、「われわれの予測しえなかった」「ほんもの（実在的なもの）に特有なあの妙な癖」ということになると思います。

若松　別の角度から少し光をあててみたいと思います。『物質と記憶』などで知られる哲学者アンリ・ベルクソン（一八五九〜一九四一）は、洗礼は受けなかったけれども、晩年になってカトリックに接近していった。その傾斜のきっかけとなったのが、プロティノス（二〇五頃〜二七〇頃）という哲学者の存在だったといいます。井筒俊彦（一九一四〜一九九三）に言わせれば神秘哲学の大成者と言うべき人物です。

偶然なのか、最近、プロティノスの『善なるもの一なるもの』（田中美知太郎訳、岩波文庫）を読んでいたのですが、この本の中でプロティノスは、自分にとっての哲学とは、論理を用いて論理を超えていくことなのだ、と言っているのです。近代において哲学が目指したのは論理の絶対性を強めていく方向だったとすれば、プロティノスは、そこでは汲みつくすことのできないその先を見つめていたわけです。

キリスト教の奥底にはまさにそうしたプロティノスがいう論理でもって論理を超えてゆく側面がある。キリスト教を理解する難解さを考えてみるとき、論理、あるいは理性というものが、どういう役割を果たしていくのが望ましいと考えますか。たとえば、三位一体論を語るとしても、その「難解さ」へのアプローチには、論理的な説明だけでなく、別種の方法も可能なように思うのです。

山本　論理をもって論理を超える、ということを考えてみるとき、パスカル（一六二三〜一六六二）の『パンセ』に響きあうような文章があります。『パンセ』は、パスカルがキリスト教の真理を弁証しようとして準備していた断章形式の覚え書きが、パスカルの死後に編集されて出版された書物ですね。

もしすべてを理性に服従させるならば、わたしたちの宗教には、なんら神秘的、超自然的なものがなくなってしまうであろう。もし理性の原理に逆らうならば、わたしたちの宗教は、没常識で、滑稽なものになってしまうであろう。（パスカル『パンセ』断章一七三、田辺保訳、教文館、一三四頁）

これは理性を非常に重視する考えですね。宗教というと理性に反することを信じることのように思われるかもしれないけれども、理性の原理に逆らうのであれば、宗教、キリスト教は滑稽なものになってしまうだろう、と言う。ではすべてを理性に服従させるのか、すべては理性でわかるのかといえばそんなこともない。すべてを理性に服従させてしまっては、キリスト教にはなんら神秘的なところ、超自然的なところがなくなってしまう。それでは宗教にはならないでしょうと言っているのです。そこで、理性的なものと、理性を超えた神秘をありのままに捉えるあり方を両立させようとするのです。

私は、昨年（二〇一七年）出版した本に『トマス・アクィナス　理性と神秘』という題をつけましたが、理性で徹底的に考えていくあり方と、理性を超えたものを求めるというあり方がキリスト教においては両立しているのです。しかも両立するだけでなくて、理性というものは、理性を超えているものを何とかして可能な限り理解しようと努めるなかで、理性の論理自体を少しずつ育ててゆく。これがキリスト教の伝統のなかにあるダイナミックな面白い考え方だと思います。

若松　とても重要な指摘ですね。まさに理性を超えた大いなるものに接近しようとする中で、人間が持っている理性を超えていく、もうひとつのダイナミックな理性の動きが見失われている。現代において理性は、何か静的な、止まっているもののように考えられてきました。

　宗教を理性的に考察する、というのが宗教学の始まりだったのですが、宗教学によって宗教の力動性《ダイナミズム》が相対化されてきたことは否めないと思います。

　例えば先ほどのルイスの説にしてみても、宗教的な立場に立てば、すべて理性的に説明されることこそが偽りなのだといえるのかもしれません。理性によって説明しつくされたのであれば、それは真実としてはむしろ受け入れられないのだと言っている。

　真理をいかにもとめるか、という問いは、時代によって変化する問題ではありません。今日もなお、キリスト教とは何かということを考えることは、ある意味、現在に生きる私たちの理性に対する大きな挑戦になりうるのだと思うのです。それは、常識的な理性の認識に挑戦を迫ってくるようなところがあるのです。

カトリックであるということ

若松　今日におけるキリスト教のあり方を考えるときに見過ごせないのがガブリエル・マルセル（一八八九～一九七三）の言葉です。マルセルは、ベルクソンの影響を受けて同世代のジャン・ポール・サルトル（一九〇五～一九八〇）に接近したフランスの哲学者で、もともとは無神論者だったのですが、あることをきっかけにキリスト教に改宗していった人です。

われわれカトリックは、というとき、私たちはカトリシズムの埒外《らちがい》にある。（ガブリエル・マルセル『道程』若松英輔訳）

私も山本さんもカトリックなわけですが、「私たちカトリックは」と言ったとき、カトリックはカトリックに宿る本性を手放すことになる、とマルセルは言うのです。カトリックとはギリシア語で「普遍」を意味するように、すべての人たちと何らかの形でつながろうとする営みにもかかわらず、「私たちカトリックは」と言ったとき、つながりを志向するどころかむしろ、「私たちは選ばれたもの」という場所に立つことになる。それはカトリックの霊性に離反することだとマルセルは言うのです。

あるときまでマルセルは、無神論者として生き、キリスト教から離れたところにいた経験があるからこそ深く実感されたことなのだと思います。

山本さんは、あるときに自覚的に洗礼を受けた。しかし、私は生まれて四十日後に洗礼を受けているため、そもそもキリスト教に入信したという記憶がありません。しかし、学生時代に、洗礼を受けていることをめぐって、いくつかの人生の危機と感じられるような日々を経験しました。そのためか、わたしには新約聖書にある、よく知られた「放蕩息子の帰宅」のような実感もあって、マルセルの気持ちが少し分かるような気もするのです。

キリスト者は、必ずしもキリスト教徒とは限らない、といえるかもしれません。キリスト者とはイエスにある強度のある関係を感じる人の呼び名だとすると、キリスト教とは異なる信仰を生きている人のなかにも「キリスト者」は存在する、とも言える。

キリスト者とキリスト教徒の問題を考えるとき、私が常に「対話者」として念頭に置いていたのは——読書とは書き手との対話である、という意味で——須賀敦子（一九二九〜一九九八）です。

彼女は『コルシア書店の仲間たち』などにおいて、キリスト教徒が非キリスト教徒とまじわることで、キリスト教はいっそう豊かになる、完成されていくのだと言います。キリスト教の枠に閉じるのではなく、むしろ自分と異なるものと対話することで、その感性は深まってゆく、と彼女は考えた。「せまいキリスト教の殻にとじこもらないで、人間のことばを話す『場』をつくろうというのが、コルシア・デイ・セルヴィ書店をはじめた人たちの理念だった」(『須賀敦子全集』第一巻所収、河出文庫、二一四頁)と『コルシア書店の仲間たち』には記されています。コルシア書店とは、ミラノにある書店兼出版社で、イタリアにおけるカトリック左派運動の拠点でもあった。ここでいう「左派」とは教会の枠に閉じこもらないという意味です。

近代日本の神学者・哲学者

若松 さて、ガブリエル・マルセルはジャック・マリタン(一八八二〜一九七三)というフランスの哲学者と同世代の人物です。フランスの二十世紀初頭においては、トマス・アクィナスは現代的な思想を体現していた人物だという捉え直しの動きがあり、現代にトマスを蘇らせようとする新トマス主義と呼ばれたその流れの一翼を担ったのが、ジャック・マリタンでした。その影響を受けた日本人に吉満義彦(一九〇四〜一九四五)という人物がいます。吉満の師にあたるのが岩下壮一(一八八九〜一九四〇)という司祭であり、日本のカトリックの豊かな系譜はこの二人の系譜の上にあり得ただろうと思われます。

山本さんには岩下の代表作『信仰の遺産』(岩波文庫)の註釈という仕事がありますね。岩下壮一は、近代日本のカトリシズムに決定的な影響を与えた人物ですが、当初から司祭になる道を歩いていたわけではありませんでした。哲学の教師になるために国費でヨーロッパに留学をしたのですが、司祭になって帰ってきた。日本におけるカトリック神学、カトリック哲学は岩下から始まったと言ってよいでしょう。神学者としての岩下壮一の立ち位置を感じさせる一文があります。それは信仰はどこからくるのか、という問題をめぐる次の一節です。

　聖書の語を以て云えば「信仰は神の賜物」である。人が信ずるのではあるけれども、同時に信じさして頂くのである。キリストを信ずるとは、誰も曾《か》つて見たることなき神の測り知るべからざる生命と光栄とが、その無限の愛によってイエズスの人間性を通じて時空の間に顕《あらわ》れたことを認むるに他ならぬ。（「キリストを信じうるか」、『信仰の遺産』、岩波文庫、四〇頁）

　信仰とは、努力の末に獲得するようなものではなく、与えられるものなのだ、というのです。現代の宗教は、どこか人間から神への働きかけに力点が置かれるようになってはいないか。人間が求める以前に、神から与えられているものを見過ごしてはいないかという問題も考えてみるに値するように思うのです。

山本　第二バチカン公会議（一九六二―一九六五）以後の、他宗教や、キリスト教の他教派に対してより開かれた立場を取ることになった現代のカトリック教会の在り方を前提にすると、プロテスタンティズムとの対決を強調する岩下の立場には古色蒼然としたところもあるのは否めないのですが、それでも、彼の残した『カトリックの信仰』（ちくま学芸文庫）や『信仰の遺産』には、霊的な開拓者特有の緊張した精神が濃密に漂っていて、現代においても充分に読むに値する魅力的なテクストになっていると思います。

若松　こうした実践的神学者である岩下に魅せられたのが吉満義彦です。吉満は、若くして妻を喪い、大学の教師のほかに、聖フィリッポ寮（現真生《しんせい》会館）というカトリックの学生寮の舎監を務めるようになる。そこに入寮してきたのが遠藤周作（一九二三〜一九九六）でした。吉満と遠藤の出会いは様々な意味で決定的で、遠藤の文学的素養を最初に見抜いたのは吉満で、遠藤を堀辰雄に紹介しているのです。

　戦前期の日本において、カトリックの世界で哲学と文学はこうした人々によってとても深く接近し、大きな可能性をもった。しかし吉満は四十一歳にして、主著を出さないままに亡くなってしまう。この人の語られざる可能性のようなものが、現代においても大変重要なのではないかと思うのです。井上洋治神父と遠藤周作が岩下、吉満に言及している対談があって、そこでのある誤認がある。そのことがこれから語らなくてはならないことに直結すると思うので、ここで読んでみます。

　井上　〔前略〕ぼくがいちばんひっかかってたのは、当時カトリックというのは圧倒的にトマスの影響下だったでしょう。

遠藤　そう。吉満義彦先生とか、岩下壮一先生を通してのトマスね。
井上　今でもそうだけど、あれがどうもダメで、ひっかかっていたんです。
遠藤　ちょうど昭和十八年から二十年にかけて、吉満先生は学生寮、現在の真生会館、あそこの舎監をされていた。吉満先生というのは、日本のことをあまりお考えになってらっしゃらなかったでしょう。先生の思想には、近代の悪は神なき人間のミゼールで、中世というものをもう一度検討し直し、新しいヒューマニズムを見つけようという考えがあるでしょう。（「小さき聖テレジアの跡を追って……」、『井上洋治著作選集』第三巻所収、日本キリスト教団出版局、一九二頁）

申し訳ないのですが遠藤周作は、吉満義彦を尊敬することにおいては人後におちない一方で、このくらい吉満の思想を取り違えた人というのもいない。ほんとうに奇妙な、しかし、考えさせられる現象です。誤認のうえに継承が成就しているのです。

吉満義彦は日本のことをまったく考えないどころか日本のことを第一に考えていた。トマス・アクィナスをヨーロッパから直輸入しようとしたことなど一度もなかった。

しかし、若い遠藤の目には、まったく異質なものをある力で植え付けるように見えた。吉満はたしかに外国語にも堪能で、フランスへの留学経験もあり、肉感的に西洋キリスト教を感じ、考えることもできた。しかし、その分だけ、それを「直輸入」することの危険も理解していた。ここに大きな罠があります。ですから私たちが、ある地点まで立ち戻って、からまった糸をほどいてみないといけない。そうでないと、その先には行けないという気がします。

日本におけるトマス・アクィナス

山本　この井上神父の発言部分を見ると、トマスの神学がだめだった、と言っていますね。井上神父はフランスに七年くらい留学していたのですが、フランスでトマスの神学を教え込まれたことが肌にあわずに非常に苦しんだ。そしてその経験があったために、日本に帰ってきてから、日本人の肌に合う仕方でキリスト教を捉えなおす運動をはじめたという人なのですね。私は井上神父に学びながらも、いや、トマスの思想はつまらないものなどではなく、キリスト教の魅力について我々の眼を開かせてくれる斬新な観点に満ちているのだということを言いたくて、学生時代からずっとトマスの研究を頑張ってきたようなところもあるのです。

それにしても、この遠藤さんとの対話部分を見ると、トマスの神学が体制派的な学問であったことを井上神父は強調しているように思われるのですが、これはトマスの思想そのものにではなく、むしろ井上神父が留学した当時のフランスでの神学教育のあり方に原因があったはずです。当時のフランスの神学校における教育は、トマスの『神学大全』を原典でじっくり丁寧に読むようなものではなかった。むしろ、トマスの思想を無味乾燥な形に要約したものを、神学の教科書として暗記させるような教育が行われていたのです。そうした教育のもとでは、トマスに否定的な印象を持つのも仕方なかったと思います。

それはなにもこの時代のトマスに限らずに、なんでもそうですよね。実際に原典のテクストを読めば面白いにもかかわらず、原典は難解だというので、そのテクストをわかりやすく要約したものを読ませる。しかも深く読み込むのではなく、書かれていることをただ覚えこませるような教育をするのでは、原典の魅力的な要素というものはすべて抜け落ちて、ただただ無味乾燥なものになってしまうだけでしょう。実際に井上神父のみならず、欧米においてもそういった神学の教育のありかたに、多くの人が大きな疑問を持っていた。

だから日本人の心にトマスの思想があわない、というような単純な話ではなくて、当時の神学教育の制度自体が硬直化していて、井上神父はその壁にぶつかってしまったのだと私は理解しているんですね。他方、日本人がみんなトマスに対し否定的な印象を抱いていたわけではないことがわかるテクストがあります。須賀敦子さんのテクストを紹介してみたいと思います。

帰りは地下鉄に乗ることにしたが、サン・ジャックという駅の名を見て、さっきミサのあった場所が、十三世紀の天才的神学者アクィナスのトマが、ナポリからパリに来てソルボンヌで教えていたときに泊まっていた修道院に違いないことに気づいた。アリストテレス的な神学理論を展開して危険人物視されたトマは、これもイタリア人で、プラトン派の神学者だったボナヴェントゥラと、サン・ジャック街を夜っぴて行ったり来たりしながら論争をしたという話をどこかで読んだことがあった。〔中略〕一年近い時間をパリですごして、大学の硬直したアカデミズムに私は行きづまりを感じていた。教会のほうも、もっと新しい風潮にじかに触れられるかと期待していたのに、せいぜいがサン・ジャック街のミサぐらいだった。(『ヴェネツィアの宿』、『須賀敦子全集』第二巻所収、河出文庫、一九七―一九八頁)

須賀敦子は、トマスを絶賛するような書き方はしていませんが、ここでは確かに「アクイナスのトマ」としてトマスに触れています。サン・ジャック修道院とはトマスが活動した場所ですが、その場において新しいカトリックの潮流に触れることができるのではないかと期待してやってきた須賀さんは、十三世紀当時、新しさをもって受け止められたトマスのことを書いているわけですね。ここでは「危険人物視された」という表現で書かれていますが、それは十三世紀においてはトマスは「新しい」人物だったからです。

井上神父がフランスに留学していたころは死後七百年近くたっていて、トマスはカトリック教会最大の神学者・哲学者とみなされ、カトリックの伝統の代弁者として権威づけられていました。しかし、トマスが生きていた時代には、トマスは既存の権威へ挑戦した「新しい」、革新的な人物だったのです。ではトマスの新しさはどこにあったのかといえば、それはアリストテレス（前三八四～前三二二）の受容をめぐる態度にありました。

アリストテレスは、イエス・キリストが生まれる前、紀元前四世紀に活躍した古代ギリシアの哲学者です。ギリシア語で書かれたアリストテレスのテクストは、ラテン・キリスト教世界にはほとんど伝わっていませんでした。しかし十二世紀になると、イスラム世界を経由して、アリストテレスのテクストが大量に流入してくることとなった。最初はアラビア語からラテン語に、そして次第にギリシア語原典からラテン語へと訳されるようになっていった。そして十二世紀から十三世紀にかけてのラテン・キリスト教世界においては、アリストテレスのテクストが斬新な「現代思想」として立ち現れ、キリスト教の神学に取り入れるのか否かをめぐって非常に激しい議論が繰り広げられたのです。

この世界を全体的に説明できるのはキリスト教的世界観のみであったのに、古代の、しかもキリスト教とは何の関係もない異教徒の哲学を取り入れようとするなんてとんでもない、という保守的な意見も多かったなかで、トマスはキリスト教の発想と古代ギリシアの哲学とを統合する新たなヴィジョンを打ちたてようとした。それが当時、保守的な人たちからは危険視されたという背景があって、須賀さんはこのような書き方をされているわけです。

若松　本当に革新的な仕事をする人はしばしば時代に受け入れられないですね。

山本　トマスは非常に「新しい」人物であった。でもその新しさとは、七百年前にそうであっただけでなく、現代においてもなお読みつくされていない斬新な発想を我々に与えてくれる意味において、今もそうなのだ、ということを須賀さんは示唆されているのですね。もうひとつ別の須賀さんのテクストを見てみましょう。

イタリアの教会に何の期待も抱いてない自分、それどころか、ある種の軽蔑を感じている自分を発見して驚く。いつからこういうことになったのか。結局イタリア人は、バチカンに底の底まで毒されていて自分たちの神学を持てなくなっているのではないか。聖トマス・アクィナスがイタリア人だったという事は驚異なのであるが。（「日記」、一九七一年五月二日、『須賀敦子全集』第七巻所収、河出文庫、四六〇頁）

バチカンがあるイタリアのキリスト教神学は硬直化し、何も期待を持つことができないような現代の状況と比べると、あれほど革新的なヴィジョンを提示したトマスがイタリア人であったことは驚きだね、と言っているわけです。もうひとつ、『どんぐりのたわごと』という須賀さんの若いころの文章にもトマスの影響が見受けられます。

ユダヤ教―キリスト教の流れに入る啓示のうちにしか、真理はみいだされないと考えるのは、あまりにも軽々しいと云えましょう。

すなわち、神が唯一の真理でありたもうなら、その神につくられたがゆえに、神を容する可能性をもっているすべての人間（神はキリスト教徒だけをつくられたような気になって、すましている人はありませんか？）があらわす真理は、同時に、ただおひとかたの神に属するのです。私たちは、一なる神を信じているのです。神は、それぞれ、インドやエジプト、アメリカ、ヨーロッパと、国や宗教の違う数だけ在すのではなく、一なのです。（『どんぐりのたわごと』第一〇号の「まえがき」、『須賀敦子全集』第七巻所収、河出文庫、二三七―二三八頁）

全体的にはわかりやすい文章かもしれませんが、私の感覚からすると、奇妙に響くところがあります。それは「神を容する可能性をもっているすべての人間」というところです。おそらく須賀さんは、この箇所をトマス・アクィナスから引っ張ってきたのだろうと私は理解しています。というのも、トマスは『神学大全』のなかで次のように書いているからです。

像（imago《イマゴ》）という類似性が人間本性のうちに看取されるのは、それが神を受容する可能性を有する（capax Dei《カパックス　デイ》）かぎりにおいて、すなわち、認識と愛という固有のはたらきによって神に触れることによってである。（トマス・アクィナス『神学大全』第三部第四問題第一項第二異論解答、山本芳久訳）

「像（imago）」とはわかりにくい言葉ですが、これは、人間が神に似せて創られたという「創世記」の冒頭の記述に基づく表現です。「神は御自分にかたどって人を創造された。神にかたどって創造された」（第一章第二七節）という文章ですね。それに基づいて、人間は神の似姿であるという意味において、人間とは神の「像」であるという言い方が、古代以来、キリスト教神学において形成されてきたのです。

では、なぜそんなことが言えるのかといえば、人間の本性は神を受容する可能性を有するからだ、と言う。神を認識する、神を愛することによって神に触れることができるから、人間は神の像であると言えるのだ、とトマスが言っているのです。「神を受容する可能性を有する」とはラテン語では capax Dei とありますね。Dei とは神を意味する Deus という名詞の属格です。capax とは「受容する可能性を有する」という意味で、英語の capacity の語源になる言葉です。人間は神とまったく別の存在なのではなく、神を受容することによって神と密接不可分な親しい関係を形成していくことのできる、無限の広がりを持っている存在なのだという考えを示しているのです。おそらく須賀さんは、このようなトマスの考えを背景に置きながら、「神を容する可能性をもっている」

と表現したのでしょう。

　須賀さんはエッセイ的な書き方をしていて、神学的にどうなっているかというような細かい書き方はしていないけれども、キリスト教の神学を知ったうえで須賀さんのテクストを読んでみると、トマスから学ばれたのだろうということが読み取れます。トマスはすでに日本の文学にもこのように影響を与えていたことが見て取れるのですね。


若松　須賀敦子はフランスに留学した一九五三年から二年ほどして日本に戻ったあと、五八年にイタリアに行きます。井上神父がヨーロッパに渡ったのと須賀がヨーロッパに渡った時期はそんなに離れていません。なぜ井上神父がトマス――より正確にはトミズム――を受容できず、須賀敦子がトマスを主体的に受け容れ得たのか。ここに見過ごしてはならない問題があるように思います。もっとも大きいのはトマスへの向き合い方の違いにあった。トマスに出会った場所にあったように思うのです。

　カルメル会という修道会のなかでトマス思想を覚えこまされた井上神父に対して、須賀敦子はフランスの神学になじめなかったことから、ひとり黙々と原典に向き合う生活をフランスで送っていた。おそらくその違いなのだと思います。

　ある共同体を通じて、概念としてのトマス神学を受け入れるのではなく、トマス本人に時空を越えて出会いさえすれば、その革新性というものは現代においても受容できるのだということを須賀敦子は示してくれたのだと思うのです。彼女は自分が神学について詳しいなどとはどこにも書いていないけれども、近しい人には、若いときに神学を本当に勉強したので、神学論争でも容易には負けない、と語ったというエピソードがあります。そもそもコルシア書店に代表されるカトリック左派と新トマス主義も無関係ではない。トマスの思想をベースにしながら現代のカトリシズムが革命的な動きをしていった事実は忘れてはいけないことだと思います。

第一章

愛

自己愛が隣人愛の基盤である

山本　キリスト教については、おそらく多くの人が自己犠牲的な、厳しい倫理的な教えを説くというイメージを強く持っていると思います。自分の欲求を否定して他者に奉仕する教え、といった禁欲的で謹厳実直な印象でキリスト教が捉えられる傾向が強いように思います。愛というテーマについて言えば、キリスト教が説くのは、献身的で自己犠牲的な愛だ、という義務的な愛のイメージを多くの人が持っているのではないでしょうか。確かに、キリスト教の愛にはそういう側面もあるのですが、それは非常に一面的な捉え方でもあります。

たとえばトマス・アクィナスなどは、愛について考えるときに、自己愛が基盤にあってはじめて他者への愛も成り立つのだと言っています。隣人愛のモデルの基底には、そもそも自分で自分を愛する自己愛があり、自己愛があってはじめて隣人愛も成り立つのだというのです。つまり自分を愛する、自分を大事にすることを愛の基盤としてトマスは強調するところがある。キリスト教的な愛に、まず隣人愛ではなく自己愛があるという自己愛の優位の側面があることは、あまり知られていないのかもしれません。

若松　では、自己愛の愛というものの本質をどのように捉えたらいいでしょう。というのも、おそらく日本の愛の原型は、自立した個が互いに愛しあうというよりも、「愛」

という言葉には執着あるいは愛着といった、好むものを大切におもう、という語感もあると思うからです。もちろん日本古来の愛にも、ここでいうキリスト教的な愛はあるけれども、「自己愛」といったときに、多くの人はそこに自己本位な執着や愛着といったものを想起しがちだと思うのです。キリスト教のいう自己愛とは、仏教でいう愛着とはどう違うのでしょうか。

山本　約四百五十年前のキリシタンの時代に、日本にキリスト教が入ってきたときに、宣教師たちがキリスト教の最も大事な教えである「神の愛」をどう伝えたかといえば、カリタスというラテン語を「愛」とは訳さずに、「御大切」と訳したのです。「神の愛」ではなく「デウスの御大切」と表現した。相手を大切にし、また何よりも神が私たちを大切に思ってくれているのだ、というキリスト教の中心的な思想を伝えるのに使われたのが、「愛」ではなく「大切にする」という表現だったのは興味深いことです。

これは私の言葉ですが、キリスト教の愛について考えるときには、「自己愛の両義性」がとても大切ですね。トマスにもそういうところがあります。すべての愛の根底に自己愛があるという仕方で自己愛を肯定的に評価する見方と、あらゆる罪の根源に自己愛があるという仕方で自己愛の問題性をクローズアップする視点とが共存しているのです。

しかし、まずは自己愛の隣人愛に対する優位が基本的な立場としてあります。トマスの『神学大全』第二部の第二部の第二十五問題の第四項から引いてみましょう。「人は自分自身を愛徳によって愛すべきであるか」という問いが立てられています。それに対する解答の部分からです。

厳密な意味では自己自身にたいする友愛というものはなく、それは友愛よりも何かより大いなるものである、といわなければならない。なぜなら、友愛は何らかの合一 unio を含意しているが——というのもディオニシウスは『神名論』第四章において、愛は「合一させる力」virtus unitiva である、とのべているからである——各々の人間はかれ自身にたいして「一（であること）」unitas を有するのであり、「一（であること）」は合一よりもより優れたものだからである。ここからして、「一（であること）」が合一の根源であるように、人がそれでもってかれ自身を愛するところの愛が友愛の形相にして根元である。というのも、われわれが他者にたいして友愛を有するのは、われわれがあたかも自分自身にたいするような態度をかれらにたいしてとる、ということにおいてだからである。（トマス・アクィナス『神学大全』第一六冊、稲垣良典訳、創文社、二〇九頁）

ここで「合一」とある言葉は「一致」と訳しなおしたいと思いますが、自分自身と一であることが大切であり、自己愛が基盤となってはじめて他者と一致していくことも可能になるという。自分のなかに分裂のようなものを抱え込んでいたりすると、他者との一致も安定して形成しにくくなるというわけです。

しかし、これは何もトマスがゼロから言っている新しい考えではありません。旧約聖書の「レビ記」に、このもとになる記述があるのだとトマス自身が言っています。同じ項の「反対異論」において、「『レビ記』第十九章〔第十八節〕に「あなたの友をあなた自身のように愛せよ」と記されている」と、トマスはこの解釈の元となった聖書の箇所について言及しているのです。「隣人を自分のように愛しなさい」という「マタイによる福音書」（第一九章第一九節、第二二章第三九節）に記されたイエスの有名な言葉もまた、イエスがゼロから言ったことではなく、旧約聖書全体の教えをイエス自身が短く総括して捉え直した言葉です。つまり旧約聖書の教えの根幹は、神を愛することと隣人を自分自身のように愛することについて語っているものとして理解できる、というふうに、旧約聖書の教えをイエスが捉えなおしたのが有名なこの言葉なのです。

さらにそれにトマスが解釈を加えて、自分を犠牲にして他者を愛するのではなく、自分自身のように他者を愛することが大切だ、と言う。自分自身を愛する仕方を知らないと、他者を愛することもできないのだから、その意味で自己愛が隣人愛の根源であると、ここでは自己愛というものを非常にポジティブに捉え直しているのです。

若松　この問題は本当に重要です。これまで書かれた愛をめぐる書物の多くは、自己愛を否定的に論じて、利他を強調してきました。

山本　でも他方で、『神学大全』の第二部の第一部においては、「自己愛はすべての罪の根源であるか」（第七十七問題第四項）という問いを立てて、トマスはそれを肯定しているのです。自己愛は隣人愛の根源だと言ったかと思えば、自己愛がすべての罪の根源であると言う。この二つの矛盾するような発言をどう解釈したらいいのか。罪との関係で自己愛について述べている次の箇所を見てみましょう。

すべての罪は何らかの時間的・現世的な善への或る秩序を外れた欲求からして出てくるものである。しかるに、或る者が何らかの時間的・現世的な善を秩序を外れた仕方で欲求するということは、かれが自己を秩序を外れた仕方で愛することから出てくる。というのも、誰かに善あれと意志することがその者を愛することだからである。ここからして、秩序を外れた自己愛がすべての罪の原因であることは明白である。（トマス・アクィナス『神学大全』第一一冊、稲垣良典訳、創文社、一七三頁）

古代キリスト教の代表的な神学者であるアウグスティヌス（三五四〜四三〇）は、罪とは悪を選ぶことではなく、むしろ善をゆがんだ形で追求することだ、という捉え方をしているのですが、ここでのトマスの見解はそれにも通ずるものです。トマスはここでは自己愛がすべての罪の原因であるとまで言う。自己愛が隣人愛の根源である、というトマスの先ほどの主張との矛盾を多くの人が感じるだろうと思いますが、ここでトマスは必殺技を見せます。トマスが問題解決をするときにとる方法があって、それは場合分けをする、概念の意味を区分するというものです。「異論解答一」という箇所を見てみます。

（一）については、それゆえ、こういわなくてはならぬ。秩序ある自己愛、すなわち自己にたいして適わしい善を意志することは、然るべきことであり、自然本性的である。しかし、神の軽侮へと導くところの秩序を外れた自己愛が、アウグスティヌスによると罪の原因であるとされているのである。（トマス・アクィナス『神学大全』第一二冊、稲垣良典訳、創文社、一七四頁）

自己愛といっても、その形は一つではなく、自己愛には二種類あるのだ——つまり、秩序ある自己愛と、秩序を外れた自己愛があるのだ、と言っているわけです。もともとこの自己愛の区分はアウグスティヌスに由来するもので、トマスはこの項の「反対異論」でアウグスティヌスの『神の国』から次のように引用して述べます。「アウグスティヌスは『神の国』第十四巻において「神を軽侮するにいたるほどの自己愛がバビロンの国をつくる」とのべている」と。

つまり、自己愛にも、神や隣人を排除して、自分の目に見える狭い利害関係のようなものだけに執着する自己愛と、神や隣人に開かれた原理となるような意味での自己愛——自己を真に大切にすること——があるとして、二つを区別しているのです。だから、執着のような性質の愛はもちろんトマスやアウグスティヌスの論のなかにもあるのですが、健全な自己愛は、それとは別のものとして区別して捉えようとしているのです。

愛はどこから生まれるのか

若松 では、自己愛はどこから生まれるのでしょうか。

山本 それもまた重要なポイントです。トマスが自己愛を重視していることは、トマスを研究している人ならば誰でも知っていることなのですが、ただ他方で、ここからトマスは愛の根源に自己愛を置いたのだと考えるのも、間違いではないものの、一面的な捉え方なのです。確かにトマスは、自己愛が隣人愛の原理であるという意味で自己愛を重視するのですが、では自己愛がすべての愛の出発点かといえば、そうではないと言う。自己愛はそもそも神の愛から生まれると考え、神の愛を愛の出発点に置くのですね。

つまり、神が私に愛を注いでくれるということは、この世界全体の根源である神が私自身を肯定してくれていることにほかならない。そして、神から肯定されているという事実を受け入れることによって、自己を自分自身によって肯定することができる――それが自己愛の出発点になるのです。ですから、まず神からの愛があって、神から愛されている自分自身を愛することができる、そしてその愛を他者にも肯定的に広げていくことができるようになる、という愛の循環がある。神と自己との垂直的な愛の方向性があり、それとともに自己と他者との愛の水平的な広がりが可能になる。だから、そもそもは神こそが愛の原点なのです。

若松　先ほど「レビ記」のお話がありました。「あなたの友をあなた自身のように愛せよ」というイエスの有名な言葉があるのだと。それは別の言い方をすれば、あなたが神に愛されているように、あなたは他者を愛せよ、ということですよね。そうなってくると自己愛とは、自己が神に愛されていることの発見でもある、ということになる。それがやがて隣人愛になっていく。つまりは神の愛がそもそもの始まりであるということですね。

では、愛は神なくしてはありえないのか、という問いが浮かんできます。そう問われたらどう答えますか。

山本　トマスならば、おそらく場合分けをして考えるのでしょう。たとえば現代の心理学などでも、他者に受容されることによってはじめて他者を受容できるような人間になる、他者に愛されることによって他者を愛することができるようになる、といった考え方があると思います。でも、誰もが誰かから愛されたり受容されたりという仕方で幼少期から育ってこられるのかといえば、必ずしもそんなことはないでしょう。

むしろ、イエス自身が「疲れた者、重荷を負う者は、だれでもわたしのもとに来なさい。休ませてあげよう」（「マタイによる福音書」第一一章第二八節）と言っていることを考えれば、キリスト教において、他者に受容される経験のなかった者から愛が遠ざけられているのではないとわかるはずです。「重荷を負う者のために来た」という言葉からは、イエスは、幼少期から他者に愛されないままにきてしまった人をも含めて人類全体を愛してくれているのだ、と考えることができるはずです。つまり、身近な人から愛されることが困難だった人にも、自分が愛されているのだという感覚を与え、その人自身が愛の主体として生きていくためのきっかけを神の愛によって得ることができるという考えが、キリスト教の愛の根底にはあるのだと思います。

そう考えると、神なしに愛がまったくありえないのかどうかはわかりませんが、神からの愛を考えることが、人が愛の主体として成立するためのとても大きな原動力になるということは否定しえないと思うのですね。

若松　でも、キリスト教の世界観からすれば、神の愛なくしては愛すら存在しないのだということを言わなければならない。

山本　最終的にはそうなりますね。

若松　しかし、神を信じていない人は、愛から放擲《ほうてき》されてしまうのかといえばそんなことはなくて、何よりも自己が愛され存在しているということの発見こそが重要なのだ、という意味においては、キリスト者を通じても神の愛というものが伝わっていくところがある。

山本　神の存在を認めなければ愛などないのだ、と言うととても偏狭に聞こえると思いますが、逆に言えば、いま愛のうちにあること――つまり、自分が愛したり愛されたりできるということ――は、その事実自体が、この世界の根源にある慈愛に満ちた神の存在を認めていることになるのだ、という言い方もできるのだと思うのです。

無名のキリスト者

山本　二十世紀のカトリック神学の代表者にカール・ラーナー（一九〇四〜一九八四）という人がいますが、この人が打ち立てたもっとも有名な概念に、「無名のキリスト者」というものがあります。これは、本人はキリスト教徒だと思っていなくても、キリスト教の洗礼など受けていなくとも、良心に基づいて誠実に生きている人はキリスト者とみなすことができて、神の救いの対象になりうるという考えです。キリスト教が他の宗教をどう考えるのかということに関する立場は実に多様で、古代以来、百八十度もの開きがありますが、ラーナーの考え方は、宗教学の用語で言えば「包摂主義」ということになるでしょう。つまり、他の宗教に帰依している人であれ、宗教を信じていない人であれ、善意に基づいて生きている人のすべてが神の救済のうちにあるのだという仕方で、とても開かれたあり方でキリスト教の救済を考える立場です。

この場合に「無名のキリスト者」が指し示すのは、つまり「愛のうちに生きている人々」ということになるはずで、ある意味ではキリスト者の範囲を従来よりも広げていくものです。それゆえ、このような立場は、キリスト教がより寛容なものになったと考えることができる一方で、いや、より独善的になったに過ぎないのではないかと思われるかもしれません。つまり、信仰のない人にも、「あなたもじつはキリスト者なのですよ、救いのうちにあるのですよ」と呼びかける、押しつけがましいものになったとも考えられるからです。でも、その点の見解は分かれても、「キリスト者」と「非キリスト者」を截然《せつぜん》と分けようとする、従来のキリスト教において有力であった二分法を相対化して、より開かれた柔軟なものの見方を可能にするという意味において、やはり大切な考え方と言えるでしょう。

若松　カール・ラーナーは井上洋治神父がとても敬愛していた人物で、私が東中野にあった神父の自宅——この場所が「教会」でもあった——に通っていた頃には、ラーナーの本を必ず読めと言われました。井上神父もまた、「無名のキリスト者」派の人でした。その考え方が、いまの私の世界観を決定しているようなところがあります。先に見た須賀敦子の態度とも共振するものです。

自らをキリスト者と呼ぶ人が無名のキリスト者とどう交わりうるのか、ということは、現代におけるキリスト教のもっとも重要な課題のような気がするのです。むしろ無名のキリスト者を発見してゆくことこそが、キリスト者の重要な役割なのではないか、とすら感じる。

イミタチオ・クリスティ、『キリストにならいて』（トマス・ア・ケンピス、大澤章・呉茂一訳、岩波文庫）という著作があります。キリストに倣《なら》うのも確かに大事なのだけれども、しかし、すでにキリストに倣っている人たちが無名の人の姿をしていることは十分にあり得て、キリスト者が彼らに学ぶことはとても大切なことだと思うのです。キリスト教に入らなければ、キリスト教の大事なことは何もわからないのだ、とは言えない。

緊密で調和的な個のあり方

若松 ところで話を戻すようですが、トマスが自己愛と隣人愛との関係について語っていた引用部分で、「合一」を「一致」と訳し直す、と言っていたのはどういう背景からですか。

山本 「合一」と言うと、相手と自分との区別ができずに融合してしまう、区別が消去されてしまうといった意味に近くなってしまうと思うのです。そこでは個というものが消滅してしまいかねない。しかし、ここで言わんとするのはむしろ、人が友愛を誰かに対して抱くと、その人との深い結びつきが形成されてくるという意味です。でも、どれだけ深い結びつきが形成されようとも、相手と自分との区別が消え去ることはない、むしろ別々のものが別々のものに留まりながら、深い関係を形成するようなあり方について言う、そのためには「一致」という言葉があてられるべきだと思うのです。

キリスト教的な神との一致というのは、どこまで神と人間とが深く結びついていっても区別が保たれているところに特徴があるのだと、多くの神秘主義の研究者が言うのもその意味においてです。神と人間との関係にせよ、あるいは人間と人間の関係にせよ、長い時間をかけて深く結びついていく、その極めて深い結びつきのただなかにおいて、個が個としてますます輝いてくるということを、トマスなどは言うのです。そうした確固とした個がありながら、深い関わりを結ぶあり方を示すのには、「合一」よりも「一致」のほうがふさわしいのではないかと。

若松 なるほど、その説明は理解できるのですが、ただ他方で、日本語でいう「一致」には「合一」とあまり変わらないイメージも含まれているのではないですか？

たとえば、「手と手が一致する」といった時には、ほとんど寸分たがわずに重ね合わさるような、まるで指紋ひとつひとつまで一緒であるかのような印象を抱きます。でも、トマスが言わんとする自己愛と隣人愛の関係は、その意味で言う「一致」よりはもう少しずれているんだけれども、その間に共振共鳴があるというような、つまりは個と個のあり方は違いながらも離れがたい関係というようなことですよね。ピッタリ重なり合うというよりも、むしろ分かちがたく離れがたい関係がそこに生まれるといった緊密で調和的なあり方――それを指し示すのには、もっとふさわしい異なる日本語があるのではないかという気がします。

たとえば、「意見が一致する」という時に、そこに含意されているものは、おそらく、だいたい意見が同じだという意味です。

そう考えると、キリスト者以外の人が「一致」という言葉を聞いたとき、ある精度での一致が求められているようにも聞こえてしまうかもしれない。まるで、独裁者が市民に服従を要求するかのような、そういった権力構造もが浮かび上がってくるようにも思われる。

しかしそれは、山本さんが意図するニュアンスとはだいぶ違うものですよね。「合一」と「一致」という言葉の意味するところが違うというのはその通りで、だからこそ、「一致」という言葉がもう少し開かれた形で説明されるとなおいいのではないかと思います。英語では「一致」は何というのですか。

山本　英語では union です。ラテン語で「一致」は unio《ウニオ》ですが、これは英語の union の語源でもあります。そして union は労働組合を意味する言葉ですが、しかし労働組合はメンバーのそれぞれが合体しているわけではないですよね。

若松　そうです。そして英語でいう「一致」は union であり、union が労働組合を意味するというのは、大事なことです。

じつは二十代の終わり頃、労働組合の委員長をつとめたことがあるのです。労働組合というものは、意見はさまざまに違うけれども、自分たちの目指す目標や指針においていつだということに重きがある。組合のなかには、利害や職種がさまざまにあっていいのだけれども、労働者こそが企業の中核を担う存在だと主張することにおいては一つだというのが、union なのです。だからメンバーひとりひとりは全然一致していない。むしろ、宇宙を意味する英語、universe の uni に等しいのではないでしょうか。つまり、さまざまに違うのだけれども、それを包み込むような宇宙的な働きが生まれてくるところが、本来的には労働組合 union にあるのだ、と。

そういった捉え方の重要性を思うのは、キリスト教、なかでも特にカトリックは、何か一つ間違うとファシズム的になりかねない要素を内包しているのではないかと思うからです。この点において須賀敦子は鋭敏と言ってよいほどの感覚を持っていました。ファシズムといった動きは、何か特定の状況に起因するというよりも、そもそも人間の愚かさの現れに他なりませんが、なにか大いなるものに対して自らを従わせようとするときに、かえって人間の裸形のようなものが出てくる危険性は、どこかで意識しておくべきことだと思うのです。「一致」という考え方には、そうした危険性がふっと入り込んで、何かの拍子にファシズム的なものに転化しかねない隙があるのではないか。だからこそ、人間が神に近づけば近づくほどに、むしろ個が個として際立ってくるのだ、といった豊かな関係性のありようを、もう少しうまく強調して表現できる言葉が見つかればと思います。

「与える愛」と「求める愛」

山本 この問題はまた「悪」の章においてあらためて深めてゆきたいのですが、愛の問題を考えるときにもうひとつ紹介したい文章があります。最初に引用した『キリスト教

『四つの愛』の精髄』の著者であるルイスには、『四つの愛』（新教出版社）という、愛について非常に魅力的な仕方で説明している本があります。その冒頭でルイスはまず、愛には「与える愛」と「求める愛」の二つがあるのだと述べ、キリスト教的な愛とは、自己犠牲的で献身的な「与える愛」であるという理解がしばしばなされているけれども、それは違うのではないのか、というところから話を始めています。

私は「与える愛」についてはありきたりの言葉を動員して称賛し、「求める愛」についてはそれが徹底的に無価値なものであることを論じればよいのだと思った。〔中略〕私は「求める愛」も愛の一種であることを認めるようになった。〔中略〕「求める愛」を「ただの利己主義」と呼ばない方がよい。〔中略〕子どもが慰め（安らぎ、慰安）を求めて母親に頼るからといって、その子が利己的であるとは言わない。〔中略〕大人にしても子どもにしても他者を求めない人が「最も利己的な人」である場合が多い。〔中略〕「求める愛」を心に持つことがないのは一般に冷酷な利己主義者であることのしるしである。（C・S・ルイス『四つの愛』佐柳文男訳、新教出版社、六―七頁）

これは非常にルイスらしい、人間の心の機微に通じた説明の仕方です。人に何も求めない人というのは、愛に満ちた人であるどころか、むしろ自己閉鎖的な、冷酷な利己主義者であると観察したうえで、「人が神に対して持つ愛は、神に対する愛である以上、「求める愛」としての性格を強く持たざるをえないだろう」（八頁）と言うのですね。人間が神を愛するということは、自己犠牲的で献身的なことのみであるはずはなくて、むしろまず圧倒的な存在である神に何か助けを求めることが愛の出発点なのだというのです。

「求める愛」と言うと、ともすれば利己主義的なものとして響くかもしれない。しかし、それはキリスト教にとって不必要な悪や夾雑物《きょうざつぶつ》のようなものであるのではありません。それどころかむしろ、自分はとても弱い存在であり、他者からの助けを必要とする存在であると認めることが、神を求める原動力になるのだと、「求める愛」を肯定的に捉えるところから愛の話を始めているのです。さらにルイスは、「人は神に最も似ていないときに神に最も近くあることになる」と続けるのですが、これはどういうことでしょうか？

神は何一つ欠けるところのない充実した存在であり、自己充足した完全な存在であるから、神にはそもそも「求める愛」がないわけです。豊かさに満ち溢れているから、周囲にその豊かさを惜しみなく分かち与えていくことができる。でも、人間は自分の存在だけでは満たされない未完成の存在だから、神や他者に何かを求める必要がある。そうした現実を認めることによってはじめて、他者や神と関係を持つための基盤が築かれていくわけですね。

その意味において、自分には「求める愛」が必要なのだと認めるときにこそ、「求める愛」を必要としない神に最も近づくことになる——人と神との間に成り立つ愛とは、そういった逆説的なことでもあるわけです。キリスト教的な愛といえば「与える愛」であるというイメージを相対化するこのルイスの視点は、とても大事なものだと思います。

若松　今回はお話しできませんが、ルイスは童話の『ナルニア国ものがたり』の作者でもありますね。キリスト教における「愛」は童話のような物語を通してより生々しく理解できるかもしれませんね。

エロースとアガペー

山本　もう一つ、キリスト教的な愛のイメージを刷新しようとする意味で、ここに連なるテクストを紹介しましょう。教皇ベネディクト十六世（名誉教皇）（一九二七〜二〇二二）による「回勅《かいちょく》」で、「デウス・カリタス・エスト（神は愛）」(Deus caritas est) と題されたものです。回勅とは、教皇が全世界のカトリック教会に向けて発する、最も重要な公文書なのですが、ベネディクト十六世は最初の回勅において、世俗化した現代社会に向けて、キリスト教で最も重要な教えである「神の愛」について正面から語ったのです。その冒頭近くには、世の中に流布しているキリスト教的な愛に関する誤解を正そうとする文章が次のように書かれています。

下降し、与える愛、すなわち「アガペー」はキリスト教的愛であり、求める愛ない し欲望の愛、すなわち「エロース」は非キリスト教的な愛で、とくにギリシア文化に由来するものとされます。この対比を極端に突きつめると、キリスト教の本質は人間の生活との生きた関係と無縁なものとなります。それは別世界のもので、すばらしいかもしれないけれども、人間生活全体から完全に切り離されるのです。

（教皇ベネディクト十六世『回勅　神は愛』カトリック中央協議会司教協議会秘書室研究企画訳、カトリック中央協議会、一八―一九頁）

愛にはエロースとアガペーという二つの愛がある。キリスト教的な愛はアガペーであり、エロースは非キリスト教的なものである――この愛の区分は、大学で新入生向けにキリスト教の講義をしているときなどに、広く共有されていることを実感します。今はみんな高校の倫理の教科書で習って知っている話なのですね。エロースとは自分にとって魅力的なものを求める自己中心的な愛であり、アガペーとは自己犠牲的に他者へと関わっていくキリスト教的な愛なのだ、という説明が頻繁にいろんなレベルでなされ、多くの人に、アガペーこそがキリスト教的な愛であるという基本的なイメージを与えているようです。

そもそも、アガペーとエロースとを対比させる愛の捉え方が広まったのは、二十世紀初頭のこと。スウェーデンのルター派神学者であったニーグレン（一八九〇～一九七八）が『アガペーとエロース』（岸千年・大内弘助訳、新教出版社）という本を書き、この本が当時広く読まれたため、専門家の枠を超えて流布することになったのです。五百年前に宗教改革の運動を引き起こしたルター（一四八三～一五四六）の根本精神は、「信仰のみ」「恩寵のみ」「聖書のみ」という三つの「のみ」という標語にまとめることができます。トマス・アクィナスなどの中世の神学は、「聖書」や「信仰」とは元来関係のない古代ギリシア哲学的な要素を導入することによってキリスト教の教えの純粋性を歪めてしまったとルターは批判しました。そして、古代ギリシアに由来する様々な概念や考え方を排除することによってこそ、元来の純粋なキリスト教を取り戻すことができると考えました。ニーグレンは、そうしたルターの立場を引き継ぎつつ、エロース的な愛は、古代ギリシアに由来する非キリスト教的な愛だとして、キリスト教的な愛の概念から除外し、聖書において語られている「アガペー」のみをキリスト教的な愛として認めようと試みたのです。

しかし、ベネディクト十六世はこのように愛を二分して捉えることに対して否定的な見解を述べます。

実際には、「エロース」と「アガペー」――上昇する愛と下降する愛――を完全に切り離すことはできません。それぞれ異なる側面をもった二つの愛が、一つの愛の現実の内にふさわしい一致を見いだせば見いだすほど、愛そのものの真の本性がいっそう実現します。まずもっぱら求め、上昇するのが「エロース」であるとしても——人は約束された大きな幸福によって惹きつけられるからです——、人に近づいていくうちに、この「エロース」は次第に自分のことを考えなくなります。そして、ますます人の幸せを求め、愛する者を心にかけ、自分を与え、人のためにともにいたいと望みます。こうして「アガペー」の要素がこの「エロース」の愛の中に流れ込みます。さもなければ、「エロース」は弱り、自らの本質を失うことさえあるからです。逆に、人は与える愛、下降する愛だけでは生きることができません。人はいつも与えてばかりいることはできず、与えられなければならないからです。愛を与えたいと思う人は、愛をたまものとして与えられなければなりません。(『回勅　神は愛』、一九頁)

「上昇する愛」とは魅力的なものをどんどん追求していく愛であり、「下降する愛」とはより多く持っている者が持たざる者に与えていく愛ですね。愛されて初めて人は愛することができるというわけです。それだけでなく決定的にここで重要なのが、アガペーとエロースとの密接な関係が語られていることです。エロースという求める愛の追求によって、アガペーの要素がエロースの中に流れ込む、それなくしてはエロースが弱ってしまうのだという循環が書かれている。どちらか一方だけでは健全な仕方で生きていくことはできない、エロースとアガペー双方が支えあってこそ初めて愛は成立するのだと言っているのですね。キリスト教的な愛はつまり、エロースの側面をも愛の大事なはたらきとして捉えているのです。

若松　ある意味でのエロースの賛美はキリスト教芸術にも通じる問題ですね。

山本　たとえば、アウグスティヌスなども非常にエロース的な側面の強い人物でした。有名になりたい、出世したい、女性と親しくなりたい――そういった、魅力的なものを追い求めるエロース的な一面は、キリスト教への目覚めが語られた『告白』（第Ⅰ巻、山田晶訳、中公文庫）の冒頭の「あなたは私たちを、ご自身にむけてお造りになりました。ですから私たちの心は、あなたのうちに憩《いこ》うまで、安らぎを得ることができないのです」（六頁）という文章によく現れています。ここにはおよそ神に対する恋愛のような思いが描かれていると言っていいでしょう。まずは神への徹底的なエロース的な追求があり、それが神という絶対者に出会わせるはたらきをする。そして神に実際に出会った後は、自分が出会った神という存在について、アガペーという形で他の人にも伝えていく。そのように、エロースとアガペーとは別々ではなく、非常に絶妙な仕方で統合されているのです。

ニーグレンはアウグスティヌスにおけるこのようなあり方を、「カリタス的総合」と名付けています。「アガペー」と「エロース」はともに古代ギリシア語ですが、「アガペー」はラテン語に訳された時に「カリタス」という言葉になりました。その際に大きな役割を果たしたのがアウグスティヌスで、アウグスティヌスにおけるカリタスにはアガペー的な要素とエロース的な要素の両方が入り込み、元来のアガペーの純粋性が非常に歪んだものになってしまったのだ——それを受け継いだ中世キリスト教の神学を歪んだものとして指摘し、正したのがルターであると考えるのがニーグレンなのです。

つまりアウグスティヌスのような、アガペーとエロースを統合した愛の捉え方は歪んだものであり、ギリシア的なものとキリスト教的なものをエロースとアガペーという形で切り離して、キリスト教的な愛を純粋な仕方で捉えなおしたのがルターである、というようにキリスト教の思想史を捉えている。だからニーグレンはアウグスティヌス的なあり方を十分よく知ったうえで、それでは駄目なのだと言うわけですが、私からしてみればアウグスティヌス的なあり方こそ、現代において我々が依拠すべきものではないかと思うのですね。

自己犠牲的な愛のあり方を最初から好んで求める人などいないと思うのです。むしろ自分にとって何か魅力的なものを求めていくなかで、自ずとそれを自分だけが独占するのではなく他の人と共有したいという思いも出てくる。エロースがあるなかからアガペーが生まれてくる。そうしたバランスのとれたキリスト教の人間観は、我々がゼロから作らなくても、アウグスティヌスやトマス、さらにはルイスが持っていたものなのです。その事実をクローズアップしていくことが、キリスト教の愛をめぐっても重要だと思っているのです。

愛は概念化を拒むものである

若松　ニーグレンの『アガペーとエロース』という本が出て、この二つの愛の区分に世界の人たちがある衝撃を受けた。さらにドニ・ド・ルージュモン（一九〇六〜一九八五）が『愛について』（鈴木健郎・川村克己訳、平凡社ライブラリー）という本を出し、彼はエロースに人間的な意味を認めつつ、それを越えるアガペーを論じるわけです。それを踏まえて、M・C・ダーシー（一八八八〜一九七六）は、『愛のロゴスとパトス』（創文社）という本を出した。それを三辺文子と共に邦訳したのが井筒俊彦です。ダーシーが一九五三年に日本に来たときに、本人に会って訳したいと井筒自身が名乗り出た。「あれかこれか」ではなく、「あれもこれも」というふうに愛は存在する。つまりアガペーかエロースか、ではなくアガペーもエロースもかけがえがない、とダーシーは言う。そしてさらには、愛は語り得ざるものなのだということを強調していくのです。

　愛が語りうるものであれば、ひとは愛を概念化することができる。けれども、愛は概念化を拒むものであるということを様々な方法でダーシーは語るのです。

　ニーグレンの仕事を否定するわけではないけれども、概念化された愛というものに対するある警戒感を持つ必要はある。ダーシーの言うように、愛は概念化すると、その本質を摑《つか》み損ねて部分化していくということは認識し直していいと思うし、概念化を拒む愛のあり方のほうが私たちの日常生活に近いのだと思うのです。ともすれば、何もかもが概念化されることによって普遍化していくという現代の神話のようなものを信じがちですが、けっしてそうではない。概念化の危機を考えるとき、ドイツの宗教哲学者ルドルフ・オットー（一八六九〜一九三七）の言葉を思い出すのです。

ヌミノーゼなもの自体はまさしく非合理的である、言い換えれば概念においては解明され得ないものであるから、それを体験する心情の中にそれが呼び起こす特殊な感情反応（Gefühls-reaktion）を通じてのみ示唆されるほかない。（『聖なるもの』華園聰麿訳、創元社、二七頁）

ヌミノーゼとは、聖なるものに直面したときに生じる体験のことを指しているのですが、これはまさしく愛の顕現を言いあててもいる。こうしたものが宗教的なるものの本質に連なることであるということは、いつも思い返していきたいですね。愛のみならず、そうした宗教の本質そのものに気づかせてくれるオットーの発言はとても貴重なものだと思います。

そもそも真に神学的なものは、ある意味では概念化に対する挑みです。つまり、神学とは――山本さんが『トマス・アクィナス　理性と神秘』で述べているように――本来、すべてを言葉で語ろうとすることでなくて、語ることによって言葉たり得ないものを現成させようとする高度な試みだといえる。

トマスにおける場合分け、意味を区分する語り方においてもそうです。そこで大事なのは、場合分けそのものにあるのではなく、むしろ、場合分けをしてもなお分けられないものがはっきりしてくるところにあるのではないか。そこに目を向けるような、読む側の成熟を求められてもいると思います。

山本　ところでダーシーは実はトマスの研究者でもあったのですよね。世界中の宗教思想を熟知していた井筒がダーシーに惹かれていたというのは、とても面白い話です。あれほどイスラーム神秘主義に通じていた井筒が、他方でトマスなどキリスト教にも親近感を抱いていたことがわかります。

若松　言語学者の鈴木孝夫さんは井筒の弟子筋にあたる人で、井筒と一緒に暮らしていた時期があるのですが、彼が井筒に、もし宗教に入るなら何かと訊いたら、カトリックだと井筒が答えたという話があります。一九五〇年代において、井筒はカトリックに相当接近した。ダーシーだけでなく、日本にいたヨゼフ・ロゲンドルフ（一九〇八～一九八二）をはじめとしたイエズス会士とも親交を深めた。ロゲンドルフは吉満とも近かった。もし吉満がもう少し長く生きていたら、二人は絶対に出会っていたはずです。岩下と吉満がもう少し長く生きてくれたなら、日本のカトリックは、キリスト教界とは異なる人たちとも深く交わり、その霊性はもっと豊かになっていただろうなと思います。

恋愛はキリスト教的な愛なのか

山本　ルージュモンの『愛について』は、愛について考える時に最も重要な本の一冊で、とても広いパースペクティブで書かれていますね。情熱恋愛、つまり恋愛に最も重要な価値を見出す愛の流れは、キリスト教の異端派から生まれてきたのだと言うのです。恋人が結びつきそうになると障害が生まれ、障害があることによって互いの心が燃え上がり二人の関係に新たな火が注がれる、という『トリスタンとイズー』のような恋愛物語に描かれる愛のあり方と、日常的な穏やかな愛のあり方を対比させて、前者にエロースを、後者にアガペーという言葉をあてるのです。障害なしにどうやって愛を維持することができるのかという愛がアガペーであり、むしろ障害を絶えず求め、障害によって燃えあがろうとするのがエロースという愛である、というように、文明批評的な眼をもって、キリスト教的な愛を軸にしつつも、そこにとどまらないやり方で広く深く愛を捉えようとする重要な本なのです。

近代になって、恋愛という愛の形はいわば一つの宗教のようなものになりました。でも恋愛至上主義は、ルージュモンに言わせればキリスト教的な愛の形ではない。キリスト教的に考えれば恋愛や男女の関係はもちろん重要だけれども、それで人生の究極問題がすべて解決するようなものではない。だから恋愛を宗教化する、あるいは絶対化するあり方はエロースの歪んだ発露の仕方としてあるのだという言い方をルージュモンなどはするのです。

若松 恋愛という愛の形を考えるときには、神話的世界というものを考えることができると思うのです。日本だと宗教と神話が別の世界を描いているという認識があまり浸透していないために、神話的世界の位置づけが難しいのですが、ルージュモンの本を読んでいると、恋愛とは神話的世界に惹きつける力を持っているものであることがわかる。神話的世界に比べると宗教的世界はより現実的だと言えるように思います。

イエスは神話ではなく現実です。キリスト教の浸透しているヨーロッパでは、現実とは異なるもうひとつ別の世界を描くという意味での神話的世界がよりはっきりした輪郭をもって捉えられているのではないでしょうか。

日本にいると、宗教のリアリティが弱いために、イエスの歴史性というものもどうも捉えづらいところがあります。でも、イエスの受肉という出来事は空想ではなくて現実だということ。一方で恋愛は現実ではなくて想念的にも起こり得て、私たちを空想的世界、あるいは神話的世界に、より非現実の世界に惹きつける力も持っている。恋愛のような神話的世界の輪郭があるからこそ、宗教がきわめて現実的なものであるという考えが、ヨーロッパの優れた思想家たちの底辺には流れています。日本においては宗教的とはすなわち空想的だと捉えられがちだけれども、宗教こそ、より現実的で我々の現実に近いということを考え直してみたいと思います。

山本　それで言えば、ルージュモンのアガペーとは、目の前の現実を愛する、ということなのだと思うのですね。対するエロースとは、今ここから離れて遠くに何かを求めていく愛であると言える。

若松　そうですね、だからエロースとは見果てぬものを見ようとすること、今の自分を愛するのではなくて、ありたい自分に向かっていくことだったりするのです。けれども、キリスト教の道とは、いまここにある私、自分ではあまり好きになれない私すら、愛していこうという道であって、本来は理想の私になっていこうという道行きではない。でも理想を描く道こそがキリスト教の道である、という受容のされ方が日本では強くありますね。

渡辺和子さんの本のタイトルでもある「置かれた場所で咲きなさい」という言葉は、「あなたはひまわりだけれども、バラになりなさい」ということではない。その違いは大変重要です。だからキリスト教の道とは、「愛し愛される人になりなさい」ということではなくて、「愛されていることの発見」への促しである、という言い方ができる。

山本　私が大学時代に親しくしていた友人には、「僕が求めている愛は、遠くにある神の愛などではないのだ」、と言われたことがありました。キリスト教の説く愛は、いまここにある愛を語ってくれないから受け入れがたい、というわけですね。それを聞いて、いや、自分としてはキリスト教の愛とはむしろ遠くにある話などではなくて、ありのままの自分がありのままで肯定されているということを教えているものなのだが、と思ったものです。

若松　相反するもののようだけれども近づいている。さきほどのルイスの話とも通ずるところがありますね。

山本　ルイスも、無尽蔵に愛を与えることのできる理想的な存在としての自分ではなく、まずあなたが欠乏していて、愛を求めているでしょう？　というところから始めたわけですから。

若松　少し話を転じるようですが、私は芸術、特に音楽というものもまた、エロースとアガペーの一致がなければ生まれ得ないものだと思うのです。言語の外に一歩出てみると、エロースとアガペーの一致というものが表現されていることが、まざまざと感じられる。

たとえば、バッハはルター派ですよね。そのことを思うにつけ、ルター派への畏敬の念が深まりますし、もっとも優れたイエス伝が、言語ではない音楽の形をして現れたのが近代という時代の重要な側面だともいえる。ニーグレンのエロース論からすると、優れた芸術のようなものがルター派からは生まれないように思われがちですが、バッハがいる。そこが宗教的世界の豊かさだと思います。

バッハだけでなく、概念化を否定した先に見たオットーもまたルター派です。愛をめぐって概念的なものをルター派なるものが作ってしまった一方で、それを打ち破るような人がルター派の中から生まれてきているところがじつに興味深い。岩下壮一は生涯をかけてルターという人を研究したいということも何度となく言っていました。ルターそのものは、ルター的なるものに還元できない、容易には捉えがたい怪物のような人なのでしょう。ルターとルター派をこうして考えてみるだけでもわかりますが、〇〇派といったように、何かひとつの流れとして概念に括《くく》られたときに、剝《は》がれ落ちていくものがある。そうしたものが、見えるはずのものを見えなくさせる。キリスト教の歴史を見るときに取り戻していかなければならないのは、そうした視点なのだと思います。

家族愛と友愛の概念の広がり

若松　ところでキリスト教についてあるところで講演していた時に、キリスト教とはエロースからアガペーへと変容していく大きなドラマがあるという話をしたら、いやいや、もうひとつストルゲーという愛がありますよね、と指摘されたことがあります。ストルゲー、家族愛にも少しふれておきたいのです。キリスト教はある意味で「家族愛」の一般的な概念をとても大胆に越えていこうとする宗教ではないかと思うのですが、どうでしょうか。

山本　確かにそうですね。狭い意味での家族を超えていこう、もっと広いものを家族とみなそうとする概念の拡張とも言えますね。

若松　「マルコによる福音書」に、「わたしの母、わたしの兄弟とは誰か」「神のみ旨を行う者は誰であれ、わたしの兄弟、わたしの姉妹、わたしの母である」（第三章第三三節、三五節）というイエスが語った一節がありますが、ここはまさに俗世の家族という概念を打ち破って新しい地平を開こうとする箇所です。キリスト教はこういった関係性の革命のようなことをやったのだと思うのですね。

「ヨハネによる福音書」において愛は次のように語られています。「イエスの掟」から読んでみましょう。

「わたしがあなた方を愛したように、[12]
あなた方が互いに愛し合うこと、
これがわたしの掟である」（「ヨハネによる福音書」第一五章第一二節）

聖書はある意味、ここに始まりここに終わるといってもいい。わたしがあなた方を愛したように、あなた方が互いに愛し合うことが「イエスの掟」であるというのです。わたしがあなた方を愛したように、あなた方がわたしを愛する、これがわたしの掟である、ならばまだわかりやすいかもしれません。でも、そうではない。あくまでもあなた方が互いに愛し合うこと、に力点があるのです。

イエスは、人間が自分を愛することを望まない。人間が互いに愛し合うことを求める。イエスにおいては人間不在なのではない。むしろ人間を常に中心に置き、時には人間どうしが愛し合うなかに神を見出していくことを人間に求めているのであって、人間を愛さず、神にのみ忠節を尽くすような態度にはむしろ厳しい視線を向けている。

山本　「イエスの掟」のこの先には、「わたしはあなたがたを友と呼ぶ」（「ヨハネによる福音書」第一五章第一五節）という一節が続くのですが、そこもまた重要だと思います。というのも、アリストテレスは『ニコマコス倫理学』において、友愛とは近しいもの同士の間にしか成り立たない相互的なものであって、王や奴隷、あるいは神と人といった大きくかけ離れた間柄においては、友愛は成立しないと言っていたからです。他方、アリストテレスに依拠しながらものを考える傾向の強い「アリストテレス主義者」だと思われがちなトマスは、実は、アリストテレスとは異なり、神と人間との友愛というものを考えていた。友愛に基づいた協働的なあり方は、人間と神との間においても実現可能だと考えたのです。神と人との友愛の可能性というものをイエスが切り開いてくれた、と理解する端緒にもなるのではないでしょうか。

家族愛をめぐって

山本　家族愛を考えるときにすぐに思い浮かべるのは、「マタイによる福音書」第一〇章にある次の言葉です。

[34]わたしが来たのは地上に平和をもたらすためだ、と思ってはならない。平和ではなく、剣をもたらすために来たのだ。[35]わたしは敵対させるために来たからである。
人をその父に、
娘を母に、
嫁をしゅうとめに。
[36]こうして、自分の家族の者が敵となる。
[37]わたしよりも父や母を愛する者は、わたしにふさわしくない。わたしよりも息子や娘を愛する者も、わたしにふさわしくない。[38]また、自分の十字架を担ってわたしに従わない者は、わたしにふさわしくない。[39]自分の命を得ようとする者は、それを失い、わたしのために命を失う者は、かえってそれを得るのである（「マタイによる福音書」第一〇章第三四―三九節）

この部分だけを見ると、キリスト教徒は家族というものを重視しないのかと思われるかもしれないのですが、ここに書かれたことを理解するための手がかりとして、トマスの『神学大全』の第二部の第二部の第二十六問題を見てみたいと思います。「愛徳の順序について」というタイトルがつけられていますが、「愛の秩序」という概念が古代以来あるのです。自己愛と隣人愛、神に対する愛といった人間が持つさまざまな愛をどのように構造化して秩序立てるのが望ましいのかを問題としているのです。つまり一番愛すべきものは何で、次に愛すべきは何で、というように愛に秩序を作っていくことが重要なことだと神学では考えられていた。そのことについてトマスが言及している第七項と第八項を紹介してみたいと思います。

第七項においては、「われわれはより善き人々を、自分たちと結びつきのより深い人々よりも、より愛すべきか」という問いが立てられます。トマスの最終的な見解とは異なる「異論」においては、次のように述べられています。

いかなる理由によっても憎むべきではないところのものが、何らかの理由によって憎むべきであるところのものよりも、より愛すべきであるように思われる。それは、何ら黒が混入していないものがより白くあるようなものである。しかるに、われわれと結びつきのある人々は、『ルカ福音書』第一四章〔第二六節〕「もし誰かがわたしのもとに来ても、自分の父、母……を憎まないならば……」によると、何らかの理由によって憎むべき者である。しかるに、善き人々はいかなる理由によっても憎むべきではない。それゆえに、より善き人々の方を、われわれと結びつきのより深い人々よりもより愛すべきであるように思われる。（トマス・アクィナス『神学大全』第一六冊、稲垣良典訳、創文社、二五六―二五七頁）

この後、トマスの見解がまとめて述べられたのちに、先ほどの異論に対するトマスの解答が次のように述べられます。

　われわれはわれわれの隣人において、かれらがわれわれの隣人であることを憎むことを命令されているのではなく、ただかれらがわれわれを神から離反させることだけを憎むように命令されているのである。（同前、二六〇頁）

　ここでは隣人という言い方をしていますが、つまりは父や母、そういう結びつきの強い人をそれ自体として憎むように言われているのではなくて、そういう人々がわれわれを神から離反させようとするような事態が生じたときのことをイエスは言わんとしているのだとトマスは理解しています。イエスは当時のユダヤ社会からは新奇に見える考えを打ち出そうとしていたので、身内の人などもイエスに従うことを妨げようとしていたわけです。そういう場合にそれらの人から距離を取るようにイエスは言っていたに過ぎないのだとトマスは理解しているのですね。父や母自体を憎むように言われているわけではないと考える。イエスの教えを文字通りに理解しようとすると、とてもラディカルなところがあるわけですが、キリスト教がある程度発展してキリスト教世界が安定的に成立しているなかで、イエスの言葉を比較的穏当に解釈しようとしているのです。

若松　イエスの言う「隣人」は本当にラディカルです。哲学者のキルケゴールが、隣人とは部屋から出て最初に出会った人だと言っています。私たちはそこで宿敵と会うかもしれないのです。

トマスの中庸な愛の理解

山本　キリスト教とは、何か不自然なことを説く自己犠牲的な教えだという理解が結構あると思うのです。人間の自然な欲望を抑えつける禁欲的な教えだとか、様々な側面において不自然なことを説いていると思われがちなのですが、トマスの解釈を見ると、むしろ人間の自然なあり方を受容しつつ、同時に神に開かれていく姿勢が見て取れるのですね。続きの第八項では、その姿勢がもっと明確になると思うので読んでみましょう。第八項「われわれと血のつながりのある者を最も愛すべきか」という問いに対する解答の部分です。

> われわれに結びつきのより深い人々が、愛徳によってより愛されるべきである——なぜなら、かれらはより強く愛され、また多くの理由からして愛される者であるからである。〔中略〕したがって、血族間の友愛は自然本性的起源の結びつきに基礎を置くものであり、同国人の間の友愛は市民的交わりに基づき、戦友間の友愛は共に戦うことに基づくものである。（トマス・アクィナス『神学大全』第一六冊、稲垣良典訳、創文社、二六二―二六三頁）

このように、トマスは、何かを共有することによって人間の愛は生まれてくるのであり、血族間の愛というのは起源において結びつきがある、選択の余地のない結びつきで最も強いものだと言ったうえで、次のように続けます。

ここからして、われわれは自然本性に関することがらにおいては同じ血族の人々をより愛すべきであるが、市民的交わりに関することがらにおいては同国人をより愛すべきであり、また戦争においては戦友をより愛すべきである。このゆえに、アリストテレスも『ニコマコス倫理学』第九巻において次のようにのべている。「それぞれの人にたいしてかれに本来属するもの、およびふさわしいものを与えなければならない。また、事実そのように為されているように思われる。じっさい、人々は結婚式には親族を呼んでおり、また扶養については両親にたいして最も充分に配慮しなければならないし、また父にたいして尊敬を捧げなければならない、と思われている。」〔中略〕

しかるに、様々の結びつきを比較した場合には、自然本性的起源の結びつきがより先なるものであり、より不動であることはあきらかである。なぜなら、それは（人間の）実体に属するものにもとづいているが、他の諸々の結びつきはあとから付加されたものであって、取り除かれることの可能なものだからである。（トマス・

アクィナス『神学大全』第一六冊、稲垣良典訳、創文社、二六三頁）

トマスにおいてはアリストテレスの存在が非常に大きいことが見て取れます。キリスト教神学にアリストテレスが与えた影響というものは、とても大きい。アリストテレスは人間の本性自然に基づいて倫理学の体系を築いた人で、人間にとって自然な状態から出発して考えるのです。

このテクストにおいては、他の人とのつながりは取り除いたり選んだりできるけれども、選ぶことのできない「自然本性的起源」における結びつきというものが最も不動であり、したがって、同じ血族の間の友愛がより安定したもの、より確固としたものである、という、ある意味では常識的なことが言われているわけですが、キリスト教の「愛の秩序」は父や母を憎めといった不自然な教えではなくて、自然な在り方を重視するものなのだというメッセージをここから読み取ることができます。

若松 キリスト教において家族というものをどう捉えるかというのは、キリスト教の歴史においても大きな問題ですが、血縁関係のある肉的家族と、より広い広がりを指す霊的家族を考えた時、例えば教会というものもやはり霊的家族に当たるものなのでしょうか。

山本 それはそうですね。

若松 その場合、キリスト教においては霊的家族の優位ということがあるのでしょうか。

山本　どれくらい優位と考えるかをめぐってはいろんな立場がありますが、トマスの立場は霊的なものだけではなく、肉的な自然なつながりを重視するものですね。

若松　そうですよね、トマスの考え方はある意味でとてもモダンですよね、今にも通ずるアクチュアリティ（今日性）がある。

山本　非常にそうだと思います。トマスは理性や、アリストテレスに由来する自然本性というものをとても重視するのです。聖書を単に文字通りに読んで足れりとするのではない。神のようなものを認めない人にも、それはそうだよね、とある意味で思わせる意味ではモダンだと思います。キリスト教徒でなければ受け入れがたいことを書いているのではなく、理性的に考えれば誰しもがもっともだよね、と思うところから出発し、理性を超えたような局面にまでそれを開いていくという感じです。ですから、「理性を超えている」ことは語りますが、「理性に反している」ことはけっして語らないということになります。

若松　家族愛というものを考えた時に、先ほどの「マタイによる福音書」の冒頭においては、家族が多層的に語られている。肉的兄弟と霊的兄弟があって、肉的兄弟に存在を縛り付けるものはどこかで拒まねばならない。しかし、霊的なものと肉的なものの関係はAかBかと二択にとどまるのではなく、AとBが最も豊かに折り重なる狭いところを狙っていくことになる。その折り重なる場所を、私たちが日々生きている。そうした意味で現実に近い。トマスの立場は大変現実的だという印象を強く受けます。

山本　それはやはりアリストテレスの存在が大きいのだと思いますね。アリストテレスは、人間や社会について考察するさいに、常に、人間の「自然本性」から出発して考察を進めていきます。そして、人間は自然本性的に「理性的動物」であり「社会的動物」であると考えます。理性や言語に基づいて、親子、夫婦、村落といった共同体を自ずと形成するのが人間にとっての自然な在り方だと考えるわけです。聖書に何が書いてあろうがなかろうが、人間であれば誰でも共通に当てはまる在り方として、こうした自然な在り方が確保されている。西洋中世の神学においては、こうしたアリストテレスの人間観が基盤にあったので、或る種の極端な聖書解釈が行われないような歯止めが可能になっていたと思います。家族愛を否定するような極端な仕方とは異なる仕方で聖書を解釈するような方向づけが存在したということです。

人間の自然なあり方から出発するのではなく、人間が救われるのは「聖書のみ」「信仰のみ」「恩寵のみ」といったルター的な考えに席巻されてから、キリスト教神学の考え方もずいぶんと変わりました。

とはいえ、こういった発想は、ルターにおいて突然生まれてきたのではなく、中世末期のスコラ学において、既に生まれてきています。その代表者はウィリアム・オッカム（一二八五～一三四七）です。「神の全能性」を極度に強調したオッカムは、この世界に存在している秩序は、どれだけ「自然」に見えても、すべて暫定的なものに過ぎないと考えました。神は全能なので、この世界に対して、そして人間に対して、どのような在り方でも与えることができると考える。「神を憎みなさい」と神が命令するならば、神を憎むことが人間にとって正しいことになるというような意味のことすら述べています。中世盛期のトマスの場合には、そもそも、「神を憎みなさい」というような「不自然」で「非理性的」な命令を神が下すなどということは原理的にありえないと考えていました。神とこの世界との関係についての考え方の大きな地殻変動が中世末期に準備されていたと言うことができます。

若松　トマスの家族愛の解釈には、柳宗悦（一八八九～一九六一）を読んでいるときにも似た感情を覚えました。民藝運動を牽引した人物として知られる柳は、若き日、宗教哲学者として活躍しました。柳は白樺派の運動の中核的人物でもありましたが、彼が『白樺』に寄稿したのは宗教哲学、それも神秘哲学の優れた論考でした。そこで柳は、マイスター・エックハルト（一二六〇頃～一三二八）やヤコブ・ベーメ（一五七五～一六二四）にふれつつ、じつに独創的な思想を展開しています。先にもふれましたが、近現代の日本におけるキリスト教を考えるとき、いわゆる入信者だけを対象とするのでは充分ではないと思います。柳は洗礼を受けてはいませんが、その霊性においてキリスト教は甚大な影響を彼に遺していますし、彼のキリスト教をめぐる発言は看過できない重要なものを秘めています。白樺派の志賀直哉、有島武郎と共に柳も若き日に内村鑑三（一八六一～一九三〇）に影響を受けていることも無関係ではありません。

あるとき柳は、「中」あるいは「中庸」ということを語り始めるのですね。中庸とは決して中途半端なものではなく、むしろ真ん中にあるもの、真実を求めていこうとするものだと柳は言うのです。これこそ真実なのだというのを突き詰めていくと、先ほどのような論理の展開になるのだなと思います。

山本　トマスはまさにアリストテレスから中庸の概念を受け継いでいるのですね。中庸というのは、中途半端ではなく、ある意味ではとても極端な、それしかない中心を突破しようとするようなあり方なのです。

友愛をめぐる二つのテクスト

山本　もうひとつ、友愛という愛の形を考えてみるにあたって、十二世紀の神学者二人のテクストを見てみたいと思います。十二世紀は、しばしば「個人の誕生」の世紀と言われ、個と個の関係が神学の中心的テーマの一つになっていった時代なのですね。西洋の思想史を眺めてみたとき、友愛論の起源に当たる体系的なテクストは、アリストテレスの『ニコマコス倫理学』の中にある「友愛論」です。紀元前四世紀のものです。もう一つ有名なのがキケロ（前一〇六〜前四三）の『友情について』（中務哲郎訳、岩波文庫）で、紀元前一世紀のテクストです。以後、しばらく途絶えて次に友愛論が盛り上がりを見せたのが、この十二世紀なのです。

アリストテレスのテクストは十二世紀にラテン語にようやく翻訳されはじめるので、

この時点ではまだ神学に本格的影響は与えていません。二人ともキケロの影響を強く受けながら、同時にキケロの友愛論をキリスト教的な仕方で変奏して展開しようとしている。「十二世紀ルネサンス」という呼び方もあるように、十二世紀は古代ギリシア・ローマの思想の復権というものが集中的に行われた時代でもあるのです。中でも代表的な存在である二つの「友愛論」を紹介してみましょう。まずは、リーヴォーのアエルレドゥス（一一一〇〜一一六七）によって対話形式で書かれた『霊的友愛について』からです。

アエルレドゥス　驚いた。なぜそのようなことを私に尋ねようとするのか。すべては古代の非常に卓越した学者たちによって十分に、徹底して論じられていることは明らかではないか。とりわけ、君が少年時代にこうした問題に熱中していたとき、トゥリウス・キケロの『友愛について』という書物を読んだであろう。彼はその中で友愛に関わると思われるすべてのことについて、魅力的な文体で詳細に論じた。そして、いうなれば友愛におけるいくつかの掟と訓戒を記した。

イヴォ　もちろん、私もその書物を知らないわけではありません。事実、かつてはそこに多くの喜びを見出していたのですが、聖書の甘美な蜜が流れ始めると、蜜のようなキリストの名が私の気持を捕えました。以来、それまで私が読んだり耳を傾けたりしてきたものは、たとえ聡明な議論がなされているものであっても、天的書物の塩、あの方の名の甘味に味つけされていないと、私にとって味わい深く、自分を照らしてくれるものにはなりえないのです。

そのため、たとえそこで友愛について語られていたことが理性と一致していても、あるいはこの有益な議論から生じてくる他のことも含め、それが聖書の権威によって証明されることを求めます。私たちのあいだでは友愛がいかなるものでなければならないか、キリストに始まり、キリストに従って保持され、その目標と益はキリストを目指していることを十分に教えていただきたいと思います。（リーヴォーのアエルレドゥス「霊的友愛について」矢内義顕訳、『修道院神学』『中世思想原典集成10』所収、平凡社、六二七頁）

著作の冒頭近くのこのテクストにおいて、アエルレドゥスはキケロの友愛論の意義を認めつつも、キケロの説く友愛にはキリスト教的な要素がないので、理性的に語られているキケロの友愛論と聖書とを統合するようなヴィジョンを提示していきたいと言っているのです。

もう一人、ブロワのペトルス（一一三〇／三五頃～一二一一／一二）により、アエルレドゥスから大きな影響を受けつつ書かれた『キリスト教的友愛について、および神への愛と隣人愛について』を見てみましょう。ここでもキケロについて語られています。

キケロは、過去の長大な歴史の中でほとんど三組か四組の友人たちしか数え挙げていない。しかし、不信仰の民にあっては、真の友愛を数える典型となる人が稀有であったことに誰も驚かない。というのも、このような民は、慈愛たる者、愛たる者、その者の「慈愛が、私たちに与えられた聖霊によって私たちの心に注がれた」（「ローマの信徒への手紙」第五章第五節）ところの者を知らなかったからである。しかし、そこでは「山鳩の声が私たちの地に聞こえ」（「雅歌」第二章第一二節）、平和を告知する声が、友愛の真実を告知し語る声がかくのごとく聞こえたのである、「あなたたちが互いに愛し合うこと、これが私の掟である」（「ヨハネによる福音書」第一五章第一二節）、と。つまり、幾千の人々がピュラデスとオレステスの関係よりもはるかに誠実に、真実にかつ確固として、思慮深く力強く互いに愛し合うことによって、真実の友愛を結んできたのである。実に、「信者の群は心と魂を一つにしていた。誰も、自分の持ち物を自分のものだと言わず、すべてのものを共有していた」（「使徒言行録」第四章第三二節）と聖書に記されているような人々のあいだで、人間的な事物と、神的な事物の、慈愛と親切心をともなう至高の一致結合がなかったとでも言うのであろうか。

さらには、「自分の友人のために自分の命を捨てる以上の大きな愛はない」（「ヨハネによる福音書」第一五章第一三節）と真理が証示されて以来、何組もの友人同士が無限に増えてきた。実際、自分の兄弟のために、家の財産の放棄をキリストにおいて受け容れるのみならず、身体の責め苦を悦びをもって抱擁し、友人のために命を捨てた人々がどれほど多くいたことであろうか。（ブロワのペトルス「キリスト教的友愛について、および神への愛と隣人愛について」樋笠勝士訳、『前期スコラ学』（中世思想原典集成7）所収、平凡社、八八七—八八八頁）

ペトルスは、キケロが友愛論において説く個と個の結びつきの重要性を肯定しつつ、それがキケロの時代には十分に実現してはいなかったと述べています。そうした個と個の深い結びつきのあり方は今になってキリスト教の影響のもとにより充実した仕方で実現してきていることを認めつつ、友愛論を聖書の言葉と結びつけて更に発展させていこうと考えているのですね。ここで再びアエルレドゥスのテクストに戻ってみましょう。

イヴォ　〔前略〕イエスの友人ヨハネが愛徳について述べたことを（「ヨハネの手紙一」第四章第八節、第一六節）、友愛について「神は友愛である」と言ってもよいのでしょうか。

アエルレドゥス　確かにそれは普通のことではなく、聖書から権威を与えられていることではない。けれども、愛徳について結論されることは、確かに友愛にも適用されることを私は疑わない。友愛にとどまる人は、「神の内にとどまり、神もその人の内にとどまって下さる」（「ヨハネの手紙　一」第四章第一六節）からだ。（リーヴォーのアエルレドゥス「霊的友愛について」矢内義顕訳、『修道院神学』（中世思想原

典集成10）所収、平凡社、六三八頁）

もともと聖書のなかで「神は愛である」と書かれた箇所を「神は友愛である」と言い換え、「愛の内にとどまる人は」というところを「友愛〔の内〕にとどまる人は」と言い換えています。キケロに由来する友愛論を、キリスト教の聖書と結びつけることによって、アエルレドゥスは友愛論をキリスト教的な仕方で変容させているとも言えるわけですね。ですが、変容させられているのはキケロの友愛論のみではないということに着目する必要があります。聖書のテクストを、キケロ的な仕方で変容させて読んでみることによって新たに見えてくる重要なことがらがあるという可能性をアエルレドゥスは認めようとしている。キケロのテクストと聖書のテクストが同じ土俵に置かれることによって、相互に刺激し変容しあって、友愛論の新たなヴィジョンが開けてくるとアエルレドゥスは述べようとしているのです。

このように、キケロの友愛論という、もともとキリスト教とは関係ないものを持ってくることで、人間にとって自然な個と個の結びつきを強調してキリスト教神学を構築しなおそうとする流れが、アエルレドゥスとペトルスの二つのテクストのなかに見てとれるのです。

修道会の中から生まれた友愛の概念

若松　なるほど。ここでいう友とは誰かと問われたら何と答えるのですか。

山本　彼らは修道士なので、修道士同士の友愛を考えていたのだと思います。彼らは家庭のない存在。出家して修道会に入っているわけで、修道会に入るということは、個になることでもあった。その個になった修道士同士の深い結びつきが友愛ということですよね。修道士になるということは、人間関係を捨ててひたすら神との垂直的な関係を求めていくだけではなく、個となった修道士同士が深く友愛において水平方向に結びつくことも含めて、神との関係を深めていくことであった――といったように、個となった人どうしの水平的な結びつきと神との垂直的な結びつきが一体化して語られるということなのだと思います。

若松　水平関係、垂直関係というものが、矛盾しない在り方というのはとても大事なことですね。修道院という空間はまさに道を共有する場だといえると思うのですが、道を同じくしないものとの友愛が可能かどうかという点はどうなのでしょうか。

山本　非常に難しい問題ですよね。アリストテレス以来の友愛論によると、友愛とは、直接的な心の結びつきにおいて成立するというより、必ず何かの共有において生じるものです。修道士同士の人間性の共有、あるいは修道士としてのあり方の共有といったように、道の共有ということが友愛の基盤にある。では現代において共有されるものが何なのか、と考えると、それは非常に多様です。修道士的あり方の共有などというのは、ある意味でとても狭い限られた話です。ただ、十二世紀の友愛論で展開されている話は、同じ宗教、同じ宗教の中の同じ修道会、などといった狭い範囲に限定されるものではなく、宗教は違うけれども我々はこの価値観を共有していますね、といったように、異なる者同士の間にも存在する軸を見つけて発展的解釈をしていくことが重要なのだと思います。

若松　ある意味では狭いところで生まれた確固とした考え方を、現代において開いていくことはキリスト教の大きな役割だと思うのです。いまの話を聞きながら思い出したのは、内村鑑三と幸徳秋水（一八七一～一九一一）との関係です。内村は、神なくしては自分はないという苛烈なキリスト者ですが、他方、秋水は大逆事件で命を落とした無神論者です。二人のあいだには神を信じるか否かにおいて、埋めがたいほどの溝があった。しかし二人は非戦論においてとても深く結びつく。

一九〇〇年に幸徳秋水が最初に唱えた非戦論に、内村は遅れて連なった。実は非戦論は日本においては無神論者である幸徳秋水から始まっていったということは、あまり広くは知られていないかもしれません。内村は信仰の違いを超えて、秋水への思いを深めていく。秋水の主著である『帝国主義』（岩波文庫）の序文は内村が書いていて、内村はこの友人の著作を紹介出来ることを誇りに思う、と書いています。

時代は随分とさかのぼりますが、キケロが『友情について』で友情とは、「死してなお交わりが深まる」何かだと述べています。生きている間だけでなく、死してなお、と言っている。内村と幸徳秋水の関係にはそのことが言えて、内村は秋水の悲劇的な最期に際して、その後も友愛を深めていった。キケロはこう語っています。

友情は数限りない大きな美点を持っているが、疑いもなく最大の美点は、良き希望で未来を照らし、魂が力を失い挫けることのないようにする、ということだ。それは、真の友人を見つめる者は、いわば自分の似姿を見つめることになるからだ。それ故、友人は、その場にいなくても現前し、貧しくとも富者に、弱くとも壮者になるし、これは更に曰く言いがたいことだが、死んでも生きているのだ。(『友情について』中務哲郎訳、岩波文庫、二七頁)

この本のなかでキケロは別なところでも死者との交わりにふれていますが、その視座あるいは世界観はキリスト教の霊性と響き合うものを秘めています。友愛論をはじめとして、キリスト教の歴史の中には、狭いところで起きたかもしれないけれど、より開かれていくべき重要な遺産がある。小さいところで起きた局所的な遺産を開花させていくことはとても大切ですね。

山本　修道院のようなものは近代的な個の自立とはむしろ対極のようにも思われがちか

もしれませんが、実は個の覚醒ともつながっているのですね。

若松　トマス・マートン（一九一五〜一九六八）というアメリカの修道士がいます。彼は厳しい修道会生活を送り、最後には、暗殺されたという説が今でもある悲劇的な死に方をするわけですが、最後の講演が「マルクス主義と修道生活の展望（Marxism and Monastic Perspectives）」というタイトルだったのです。そこで、マルクス主義の人たちの言うことを聞いていると、マルクス主義を真に実現できるのは修道院だけではないかとマートンは言うのです。修道院の生活を良く見てもらえれば、マルキストたちとの対話が成り立つはずだと言うのですが、しかし私有財産の放棄とか共産制などは実際に修道会の歴史の中から生まれている。神を信じるかどうかという点でこそ差異はあれ、真の共産主義社会は確かに修道院なのかもしれません。キリスト教とマルクス主義には思想的差異を超えて理想を共有していた側面があるのですね。マルクス主義の思想的種子は修道院のようなところでも育まれていたと言ってもいい。さらに言えば、キリスト教の修道院の歴史がなければマルクス主義が生まれなかったかもしれない、ということは個人的にもう少し考えてみたいところです。

山本　歴史の最終地点（終末、共産主義社会）があるのだという意味において、キリスト教とマルクス主義が似ているのだという言い方は確かによくされますよね。

若松　このことと愛とは遠く離れて感じられるかもしれませんが、愛とは神秘の業ですね。愛とはいわく言いがたいこと。起こらないはずのことが起こることが愛です。愛とは起こるべくして起こること、と言うこともできるけれども、起こるはずのないことが起こること、と言うこともできる。別に男女の恋愛だけでなく、人と人との友愛にしても、あるいは神と人との間における友愛にしても、なんらかの形の愛で深く他者と繫がるということは、驚くべきことです。神秘とはすなわち神の働きですから、そういった驚きをもって、愛を受け止めることができると、世界はきっと今までとは少し違って見えてくるのではないでしょうか。

第二章

神秘

キリスト教における神秘とは何か

山本　「レギナルドゥスよ、私にはできない。私が見、私に示されたことに比べると、私が書いたすべてのことは藁屑《わらくず》のように見えるのだ」。

これはトマス・アクィナスの晩年の言葉です。トマスという人は生涯において、驚異的なほどに膨大な著作を書いています。日本語訳で全四十五巻に及ぶ『神学大全』は、全著作の七分の一程度にすぎないのですから、その全貌の計り知れなさがわかっていただけるでしょう。しかし、四十九歳という比較的若い年齢で亡くなっている。これらの事実からわかるのは、トマスは現代の研究者たちが読むよりも速いスピードで書いていたという事実です。通常は読むよりも書く方が何百倍も時間がかかるということを考えると、実に驚くべきことです。トマスの文字は、ラテン語で litterra《リテラ》 illegibilis《イレギビリス》と形容されてきました。「読めない文字」という意味です。思考の展開の驚異的な速度に必死で追いつこうとして、極限的な仕方で手を動かしながら執筆しているということが、残された手書きの原稿からも裏付けられているのです。

しかし、トマスは晩年、書くのをやめてしまいます。主著となるはずの『神学大全』の完成が近づいた一二七三年十二月六日、トマスはミサのなかでひとつの深い宗教的洞察を獲得し、以後、すべての著作活動を放棄しました。なぜ書かなくなったのかと弟子に聞かれて、トマスは、「いや私にはできないのだ」と話しているのが冒頭に引用した言葉なのです。自分がありありと触れた決定的な何か、神に関する何事かに比べると、私がこれまで書いてきたものは藁屑のように思われるのだと言って、二度と筆を執ることはありませんでした。言葉を徹底的に饒舌に語るトマス。その彼が、他方で、言葉を超えた神秘と言わざるをえないものに、晩年決定的な仕方で直面したがために、言葉を語るのをやめてしまった。こうして、『神学大全』は未完の書となりました。

このトマスの生涯というものを考えてみても、言葉と言葉を越えた神秘との緊張関係のようなものが、キリスト教を理解するさいの、ひとつの鍵になると言えるのではないかと思っています。

若松　この出来事は「トマスの沈黙」と言われ、その意味が長く問い直されてきました。近年若いころ、山本さんとこの問題をめぐって、しばしば対話したのを覚えています。近年の山本さんの仕事は、この大きな問題から目を背けることなく展開されていて、じつに頼もしく感じています。

さて、このトマスにおける沈黙の意味論ともいうべき問題はじつに多様な読み解きを可能にする、ある意味ではトマスが遺した最大の謎だともいえる。

このことは、言葉を極めつくすことによって人は、言葉を越えることができるのではないか、という問いかけでもあります。言葉とは自身の内面をはっきり評定するためのものである、というのが現代における通常の捉え方なのだとすれば、トマスが体現しているのは言葉とは、そもそもそれを越えてゆくための何ものかなのだ、ということのようにも思えてきます。言葉で極めつくした先にまだ見ぬ何かがあるのだと考えるのが宗教の原点ではないでしょうか。

トマス自身が直面したように、「神秘」とは、言語的に表明される世界というよりも、私たちに沈黙を強いると言いますか、語るのをあきらめるところから始まる何かともいえると思うのです。逆に語るのをやめたときに私たちの中に深く認識されるもの、顕われる何ものかというのが「神秘」である、とも言えるでしょう。キリストは神の「受肉」であるとする「受肉の神秘」とはまさにそうですね。

「受肉の神秘」とは何か

山本　「神秘」とは、単にこの世界を超えたところにある不思議なこと、人間の理解の及ばないことではありません。不思議ではあっても、何ら人生に影響を及ぼさないことはたくさんあります。「今ここ」にある私たちの人生をその最も根底において支えているものとして「神秘」を語るのが、キリスト教の最大の特徴の一つと言えます。簡単な謎解きをすることなどかなわない、人間の理解を超えた「隠されたもの」がこの世界のただなかに入り込んできている、そのことを強調する概念が「神秘」なのだと思うのですね。そのひとつの例として、いま若松さんがおっしゃった「受肉の神秘」があります。

キリストが神の「受肉」であるとはどういうことなのか。キリスト教の最大の「神秘」について、トマスは次のように述べています。

受肉の神秘（incarnationis mysterium）は、神が御自身の永遠からあった状態から離れて、そうでなかった状態に何らかの仕方で変化を蒙《こうむ》ることによって実現されたのではなく、新しい仕方で自らを被造物に一致させることによって、いやむしろ被造物を自らに一致させることによって、実現されたのである。（トマス・アクィナス『神学大全』第三部第一問題第一項第一異論解答、山本芳久訳）

「受肉」とは、一般には、神が人間になるということだと捉えられています。キリストを神の「受肉」と捉えるのは、キリスト教の伝統的な教義のひとつです。キリストを、単なる人間ではなく、同時に神であると捉えるのです。

しかしここでトマスは、「受肉」とは、厳密に言えば「神が人になったこと」ではないのだと、驚くべきことを言うのです。受肉の本質は、「神が自らを被造物に一致させること」にあるのではなく、「被造物を神に一致させること」にあるという。つまり、変化するのは神ではなくて、被造物――人間――の方なのだというのです。そもそも、この文章は、「神は宇宙の中でもっとも優れた存在である。しかし神が「受肉」して人になるようなことがあれば、それは神がはるかに劣った存在になるということであり、不合理だ」という趣旨の異論に対する解答として書かれているものなのです。

キリスト教の伝統的な教義では、神性と人間性の両方を持つのがキリストだと規定されています。それを前提にしたうえで、トマスは、「神が人になった」というよりも、神が人間性を摂取して神性に深く一致させた存在がキリストなのだと言っているのです。もう少し言えば、人間性を神性に一致させたキリストという存在が生まれることによって、人間と神とが深く結びつくことが原理的に可能であることが、人間に深く示されたのだとトマスは言うのです。これは「受肉」とは何かに関する通念を覆《くつがえ》す見方であると思います。「受肉の神秘」とは、二千年前に起こったキリストの人間としての誕生のみを限定して指しているのではない。「神と結びつく」という、すべての人間が持っている驚くべき可能性――神秘――をも含意しているのです。

神が人になった存在などというものは、人間の「理性」だけではそうそう思いつくことのない、「理性」を超えた「神秘」である。でもだからといって、「理性」ではまったく理解できないことなのかといえば、そうでもない。というのも、「理性」を超えた神の「神秘」は、「受肉の神秘」という出来事を通じて、具体的な歴史の中でありありと人間に開示されたからです。神秘が一度開示されると、人間の理性は、キリストの出来事を完全には理解できないにしても、その意義をあれこれ考えることはできるようになります。「神秘」の出来事が示されれば、「理性」はそれを材料として、今までは思い及ばなかったことにまで洞察を広げることができる。「理性」だけでは理解の及ばない

「神秘」が「理性」に示されると、「神秘」が示される前には開かれていなかった新たな発想の広がりが、「理性」に新たに生まれてくるのだというのです。

そういう意味で「理性」と「神秘」とは決して相反するものではありません。受肉の「神秘」と出会うことによって、人間の「理性」は、それまでは思いもよらなかった仕方で、神や人間を捉えなおしていくための動機づけを与えられるのです。「神秘」は「理性」を拒むどころかむしろ、「理性」による探求を促し続ける。根源的な謎であるからこそ、人間の「理性」を惹きつけてやまないのが、「神の受肉」に極まる「神秘」なのです。

若松　トマスだけでなく、岩下壮一もまた『信仰の遺産』で同じようなことを言っています。

> 実際キリストの神秘は、啻《ただ》に彼が神であるということには存せず、神にして同時に人たる点に存する。この前代未聞の奇蹟によって、キリストの面に神の栄光が輝いたばかりでなく、神御自らが真の人間となり給うたのである。キリスト教の根本信条は人間の羽化登仙ではなくて、神の御言《みことば》の御托身である。（「キリストを見直す」、『信仰の遺産』、岩波文庫、二九頁）

ここで考えてみたいのは、岩下にとって最大の奇跡とは、イエスが神であり、同時に人である存在としてこの世に現れたことだということです。これ以上の奇跡はない。病気を治すといったことも奇跡の一端、神秘の一端かもしれないけれども、キリストが人であり神であるという姿をもってこの世に現れた以上の奇跡はないのだと、岩下は強調します。現代人にとっては少し捉えにくいこの「受肉の神秘」は、やはりキリスト教とは何かを考えるときに欠かせない謎だと思うのです。

イエスとキリストの関係

若松　現代人のなかには、奇跡は簡単に信じられない、あるいは奇跡がわからなければキリスト教たりえないといったことを言う人がいるのですが、それはある意味では枝葉末節なことかもしれない。イエスが神であり人である姿をもってこの世に現れたということを、私たちが何らかの形で受け取ることができさえすればそれでいいのだと思います。同じ本で彼は同じ問題を次のようにも述べています。

言の肉となれるは、肉をして言の何たるかを悟らしめんが為であった。キリスト者は常に、人たるイエズスによって神たるキリストを信じたのである。(「キリストを信じうるか」、同前、四五頁)

ここで注目したいのは「キリスト者」という言葉です。この言葉は今、じつに自然に用いられていますが、最初に使ったのは内村鑑三だと言われています。内村は「基督者」と書いていますが、近代日本においてはとても新しい言葉だったのですね。しかし、この文章からは「キリスト者」という言葉が、すでに岩下壮一のなかに流れ込んでいたことが見て取れる。それは内村あるいは無教会の人々との交流ゆえだと思います。「キリスト者は常に、人たるイエズスによって神たるキリストを信じたのである」という文章からは、イエズスとキリストの関係の謎のなかに、キリスト教とは何かということが織り込まれているのだという岩下の認識がうかがわれます。言葉とイエスの受肉の関係を一つなるものとして認識していくときに、そこに大きな光が射し込むと岩下は言うのです。

「キリスト」とは救い主のことです。ではイエズス――かつてカトリックでは「イエス」ではなく「イエズス」といいました――という存在とキリストという存在はどう一致するのかという問いにたどり着きます。イエスは十字架にかけられ死ぬ、しかしキリストはいまもここにいる、というのがキリスト教の考えなのですが、近代的な理性を持った私たちには、この「事実」をどう理解していくのかという問いが残されています。むしろ、この問いを容易に理解できないところに神秘がある。神秘とは何かを考えることで道が開かれていくよりも、私たちは、謎を謎のままに体感し、経験し、生きることによって、神秘への道が開かれ、深まりを見せていくのではないか。

もちろん、非論理的で危険な道であることは分かっています。しかし、危険であることを中和するために神秘を言語世界に限定して考えることは、神秘の生命を封じることになってしまう。『荘子』に出てくる混沌の話と同じことになるでしょう。「渾沌」に人間らしい姿を付与すると「渾沌」が死ぬ、というあの話です。

山本　基本的なことですが、イエス・キリストとは山田太郎というような姓名ではないわけですね。「イエス・キリスト」とは、一つの信仰告白なのです。「イエスはキリストである」という信仰の告白を短縮して表現したのがイエス・キリストなのです。イエスとは固有名詞、キリストは救い主＝メシアの意味ですね。そのうえで、イエスが「救い主」であるとはどういう意味かといえば、イエスが十字架にかかって民の罪をかわりにつぐなってくれた、というのがよくある説明の仕方です。

しかし、我々が理解しておくべきは、イエスという存在自体が救いであるということです。これは、キリストにおいて神と人とが決定的な仕方で深く結びついた、そのあり方に救いを見るということです。つまり、神と人がまったく別の存在なのではなく、神と人とが結びつくことが可能だということがキリストの存在そのものにおいて示された、と理解する。神と人との一致というのはキリストにおいてたまたま実現しただけでなく、我々ひとりひとりもまた、神と深く結びつくことが可能であることが示された、それゆえに救いであると言えるのです。

アウグスティヌスの自伝的著作である『告白』の冒頭には、「あなたは私たちを、ご自身にむけてお造りになりました。ですから私たちの心は、あなたのうちに憩《いこ》うまで、安らぎを得ることができないのです」（第I巻、山田晶訳、中公文庫、六頁）という有名な一節があります。この一節はすでに紹介しましたが、人間は無限の欲望を持っているけれども、それは無限である神のうちに安らぐことによって、はじめて満たされるのだというのです。けっしてこの世の快楽やお金などによって満たされるのではない、尽きることのない欲望を満たしてくれるのは無限の神だけなのである、と。

人間の持つ無限なものに対する心の奥底からの憧れは、現実的には満たされることがないというのではない。だってキリストを見てごらん、キリストにおいては、神と人とが不可分な形で深く結びつくことが実現されているではないですか、だから、私たち人間ひとりひとりにおいても、無限の存在である神と深く結びつくことが可能なのだ、と考えるのです。

信仰はどこから来るのか

若松　そう考えてみたときに、信仰というのは、もともと人間のなかにあって発見するものなのか、それとも外から与えられるものなのでしょうか。

山本　人間が信仰を持つようになることは、神のはたらきによるのか、それとも人間の自由意志によるものなのか、という議論はキリスト教神学では恩寵論という領域に属する話です。人間の救済とは神の側からの特別なはたらきかけのみ、「恩寵」のみによるのか、それとも人間の「自由意志」が何らかの役割を果たすのか、古代以来論争の続けられてきた「恩寵と自由意志」という神学論争があります。これは仏教における自力と他力の問題系にも似ているものです。

この問題をめぐっては、いろいろな解決がありますが、古代の教父たちは、神に似せて創られた人間性の力を強調し、恩寵のみではなく、自由意志に基づく善の選択を力説しました。他方、ペラギウス（三五〇頃～四二〇頃）のように、自由意志を過度に強調して、「異端」の烙印を押された人物もいました。一方で、五百年前に宗教改革の口火を切ったルターは「恩寵のみ」をスローガンに、人間救済における神のはたらきを強調し、人間の自由意志が救済において果たす役割を批判しました。

そうしたなかにあって、トマスは「恩寵」と「自由意志」の協働関係を重視する立場を強調しました。トマスの言葉に「恩寵は自然を破壊せず、むしろそれを完成させる」（『神学大全』第一部第一問題第八項第二異論解答）という大変有名なものがあります。「恩寵」はあるものが生まれながらに持っている「自然（本性）」や「自由意志」を破壊したり、あるいは無駄にするのではなく、それを前提としたうえで、でも「自然」や「自由意志」だけでは実現できないことを実現させてくれると考えた。「恩寵と自由意志」「恩寵と自然」がともにはたらくことで、神と人間との深い協働関係が構築されていくという立場です。

人間が生まれつき固有に持っている「自然」だけでは、無限な幸福に対する憧れは実現するのが難しい。むしろ、実現する力は神の「恩寵」によって与えられると考えるのです。人間は幸福への憧れのようなもの、そして「恩寵」と協働する力ももともと持っているけれども、自分一人で実現するだけの力は持っていない。信じられないほどの「恩寵」に参与させられることで、心底追い求めていたものが自らの思いを越えた仕方で現れ、実現する。そこで、「恩寵」と「自由意志」がともに必要だと考える。単純化して言えばそのような感じです。

「恩寵」はすべての人に及ぶのか

若松　しかし現実には、Aさんは恵まれている、でもBさんは恵まれない、といったように、すべての人に「恩寵」があるわけではないとも考えられますね。あるいは「恩寵」は存在しているけれども、救われないといった状態があるときに、そのことはどう説明されてきたのでしょうか。

山本　ルターに並ぶ宗教改革のもうひとりの立役者にカルヴァン（一五〇九〜一五六四）がいますが、彼の有名な説に二重予定説というものがあります。それは何かと言えば、天国に行く人間は天国に行くように神から予め定められている、それだけではなくて地獄に行く人間は地獄に行くように予め神から定められているという、自由意志を否定し、恩寵の役割を極端に強調する立場ですね。

カルヴァンのこの説はとても有名なものですが、彼の立場が有名になったひとつの理由は、社会学者のマックス・ヴェーバー（一八六四〜一九二〇）が『プロテスタンティズムの倫理と資本主義の精神』（大塚久雄訳、岩波文庫）というプロテスタンティズムから資本主義が生まれてきた経緯を説いたとても有名な本において、カルヴァン主義が盛んだった地域において資本の蓄積が起こり、資本主義が生まれてきたと書いたからです。ではそれはなぜか。

一見非常に不思議なんですね。つまり二重予定説をとると、天国に行くか地獄に行くかは予め決まっている。救われるか救われないかは予め定まっていることになる。となれば、もうこの世での努力というものはすべて無意味に思われる。そうすると、あとは好き放題、快楽を追求して生きればいいとなるかといえば、いやそうはならないというのですね。つまり、人々は自分は何とかして救われる立場にいると思いたいから少しでも勤勉な生活をする。こんなに勤勉な生活をしてきちんと貯金してまっとうな生活をできているのであれば、自分は救われる側にいるに違いないと思うことができるわけですね。そう思おうとするから、カルヴァン派の地域においては、人々はまじめに働き、その成果を貯蓄し、資本として次に使うことができた、とヴェーバーが説いた。

でもそれはキリスト教神学の二千年の歴史からしてみれば、非常に特殊な「予定」の説明であって、それまでのトマスやアウグスティヌスに出てくる「予定」とは違う概念に等しかったのです。なぜなら、それまでの「予定」は救いへの予定は語るけれども、滅びへの予定を語るものではなかったからです。

「予定」という概念が生まれてきた原点は、たとえば、アウグスティヌスの『告白』のなかに見ることができます。アウグスティヌスは若いときにマニ教を信じていて、九年間くらいマニ教徒だったのですが、その後キリスト教に回心します。回心してから自分の過去を振り返るという著作なのですね。では、アウグスティヌスはマニ教徒だった時代をどう振り返るのか。

たとえばマニ教の仲間が熱病になって死んでしまうといった場面が出てくるのですが、その友人は死ぬ間際になぜか、マニ教をやめてキリスト教に回心するという言葉を残して実際にカトリックの洗礼を受けてすぐに逝ってしまうのです。アウグスティヌスは、熱病ゆえの気の迷いだろうと思うのですが、友が死んでしまってショックを受ける。しかしキリスト教徒になったのち、アウグスティヌスがその過去の出来事を振り返ると、違う捉え方がなされる。仲の良かった友人があのような形で亡くなり、死ぬ直前にキリスト教徒になったのも、自分をキリスト教に導くための神の導きだったのだという仕方で、過去の出来事が解釈しなおされるのですね。

三十代になって、単に何かのはずみで急にキリスト教徒になったのではない。キリスト教になど入らないと思っていた十代の頃から、すでにキリスト教徒になるべく神の御手のなかに包まれ、導かれていたのだと、過去のさまざまな出来事が解釈しなおされてくるのです。それを「予定」という言い方で捉えるわけです。自分の意志だけで神の救いに与《あず》かれたのではなく、神の大きな枠組みがあってはじめて、救いに参与することができたのだ、という形で、「予定」とはあくまで「救いへの予定」という文脈で語られていたわけです。しかし、カルヴァンのように二重予定説の形をとると、「予定」には非常に非人間的なところが出てきてしまうことになった。

ということで、恩寵がすべての人に及ぶのかどうかをめぐっては、実際にさまざまな考え方があります。しかし恩寵と自由意志のどちらかだけでなく、両方を認める考えが古代以来の中心的な発想ですし、恩寵がはじめからまったく及ばない人がいるというようなことをはっきり言う立場は主流ではないですよね。

若松 私たちの師でもあった井上洋治神父は、神の恩寵に抗うのは人間には絶対不可能だと考えていた。遠藤周作と井上神父の対話の中で、「どんなに残虐な行為をした人間でも、あなたの信仰によれば救われるのか」と問われると、井上神父は「そうだ」と答えています。私は、さまざまな思索の果てにたどりついたその態度に大きな敬意を抱いていますが、同時に、自分はそこから出発することはできないとも感じます。

私は私で個の問題を深めなくてはならないとも思う。よいことをした人は救われ、悪いことをした人は裁かれるというのは、それだけで神秘ではないでしょうか。しかし、罪人が救われる、というのでは、神秘でもなんでもなく、社会通念でしかない。宗教に、それを越え出るものが奥深いところに内在していなければ、それは宗教と呼ぶに値しないと思うのです。
おそらく、最も大きな恩寵は、神の存在を確信できることとです。おそらく、というのは私がそれを十分受け入れることができていないからですが、この問題をめぐってシモーヌ・ヴェーユ（一九〇九～一九四三）が印象的な言葉を書き残しています。

恩寵は充たすものである。だが、恩寵をむかえ入れる真空のあるところにしか、はいって行けない。そして、その真空をつくるのも、恩寵である。（「真空を受け入れること」、『重力と恩寵　シモーヌ・ヴェイユ『カイエ』抄』田辺保訳、ちくま学芸文庫、二四頁）

ヴェーユこそ、「無名のキリスト者」の典型です。「恩寵は充たすものである」、この一節にすでにトマスの影響をはっきり見ることができる。ヴェーユは、恩寵は、たましいの空白を充たすが、その空白を作るのも恩寵によってのみだというのです。一見するとトートロジー（同語反復）のように見えますが、まったく違います。ここには次元の深まりがある。人間を存在の深みに偶発的に誘うのも神秘のはたらきの一つだと思います。

聖書の中における「神秘」

山本　聖書のなかに、「神秘」というテーマに関わるとも言える箇所があるので、少し触れてみたいと思います。旧約聖書の「出エジプト記」の第三章の有名な場面です（第一―六節）。古代の大帝国であったエジプトで、ユダヤ人たちが奴隷状態になっていた。その奴隷状態からユダヤ人たちを解放せよというメッセージを伝えるために、モーセに神が現れる、聖書のなかでも最も重要な箇所のひとつです。

[1]モーセは、しゅうとでありミディアンの祭司であるエトロの羊の群れを飼っていたが、あるとき、その群れを荒れ野の奥へ追って行き、神の山ホレブに来た。[2]そのとき、柴の間に燃え上がっている炎の中に主の御使いが現れた。彼が見ると、見よ、柴は火に燃えているのに、柴は燃え尽きない。[3]モーセは言った。「道をそれて、この不思議な光景を見届けよう。どうしてあの柴は燃え尽きないのだろう。」

[4]主は、モーセが道をそれて見に来るのを御覧になった。神は柴の間から声をかけられ、「モーセよ、モーセよ」と言われた。彼が、「はい」と答えると、[5]神が言われた。「ここに近づいてはならない。足から履物を脱ぎなさい。あなたの立っている場所は聖なる土地だから。」[6]神は続けて言われた。「わたしはあなたの父の神である。

アブラハムの神、イサクの神、ヤコブの神である。」モーセは、神を見ることを恐れて顔を覆った。

柴が燃え尽きない、というとても印象的な形で神は現れます。この物語から読み取るべきことはたくさんあるのですが、そのひとつが、人間が神を求めるのではなく、まず神が人間を求めるのだという基本的なキリスト教の発想です。宗教というと何か人間の側に満たされない思いや不安があって、その満たされない人間が神を求めるという方向で解釈することが多いと思いますが、聖書においてはそうではない。神が人間を求めるというのが基本的な聖書の発想です。

二十世紀を代表するユダヤ教の神学者にアブラハム・ヘッシェル（一九〇七～一九七二）という人物がいて、『人間を探し求める神　ユダヤ教の哲学』（森泉弘次訳、教文館）という題の本を書いています。神の方がイニシアティブをとって人間に近づいてくるという神観が語られますが、それは古代ギリシア思想には見出されない聖書（旧約聖書）固有のものだというのです。この「出エジプト記」の場面においても、モーセは神のことを求めているのではない。神がモーセを求めて、語りかけてくるのです。そのうえで、次の第三章第七―一二節を読んでみましょう。

7 主は言われた。「わたしは、エジプトにいるわたしの民の苦しみをつぶさに見、

追い使う者のゆえに叫ぶ彼らの叫び声を聞き、その痛みを知った。[8]それゆえ、わた
しは降って行き、エジプト人の手から彼らを救い出し、この国から、広々としたす
ばらしい土地、乳と蜜の流れる土地、カナン人、ヘト人、アモリ人、ペリジ人、ヒ
ビ人、エブス人の住む所へ彼らを導き上る。
[9]見よ、イスラエルの人々の叫び声が、今、わたしのもとに届いた。また、エジプ
ト人が彼らを圧迫する有様を見た。[10]今、行きなさい。わたしはあなたをファラオの
もとに遣わす。わが民イスラエルの人々をエジプトから連れ出すのだ。」
[11]モーセは神に言った。「わたしは何者でしょう。どうして、ファラオのもとに行
き、しかもイスラエルの人々をエジプトから導き出さねばならないのですか。」
[12]神は言われた。「わたしは必ずあなたと共にいる。このことこそ、わたしがあな
たを遣わすしるしである。あなたが民をエジプトから導き出したとき、あなたたち
はこの山で神に仕える。」

モーセは神に抵抗するわけですね。私に神が現れた、などと神の啓示を受けたことを誇るわけではない。むしろこの場面からは、預言者、つまりは神の言葉を預かる存在となることをモーセが嫌がっていることがわかるでしょう。なぜ神が自分に現れて、神の言葉などを預からなければならないというのですか？　と抵抗する。これはモーセに限らず、聖書に定型的に出てくる預言者と神とのあいだのやりとりと言えます。

若松　預言者になることの拒否はイスラームのムハンマドにも起こっていますね。これは宗派を超えた現象でもありますね。

神の名前こそが神秘である

山本　人間の側の思いから出発するのではなく、まず神が人間を求め、人間に現れ、何か課題を与えようとする。これが聖書の基本的な語り口です。「出エジプト記」においては、何者でもない自分をエジプトのファラオのもとに行かせ、虐げられた奴隷であるユダヤ人をエジプトの地から導き出せなんて無理難題を押し付けないでくれ、とモーセは困って言うのです。さらにモーセは、いきなり現れてそのように使命を告げられてもあなたが誰だかわからない以上、説得力がないから、せめてあなたの名前を教えてくれ、と言います。それが次の場面です（第三章第一三―一四節）。

[13]モーセは神に尋ねた。
「わたしは、今、イスラエルの人々のところへ参ります。彼らに、『あなたたちの先祖の神が、わたしをここに遣わされたのです』と言えば、彼らは、『その名は一体何か』と問うにちがいありません。彼らに何と答えるべきでしょうか。」
[14]神はモーセに、「わたしはある。わたしはあるという者だ」と言われ、また、「イ

スラエルの人々にこう言うがよい。『わたしはある』という方がわたしをあなたたちに遣わされたのだと。」

非常に変なフレーズですね。キリスト教の難解さについては序章でも触れましたが、まさにこの場面もそのひとつです。名前を尋ねられて「我はゼウスなり」とか「我はアマテラスなり」と答えるならばまだわかりやすい。しかし、「わたしはある。わたしはあるという者だ」と言うのですね。この節に基づき、聖書における神の名は「わたしはある」であるということになっているのですが、では、この「わたしはある」とはどういう意味なのか？

わたしはあなたと共にある、どんな苦難のなかにおいてもあなたと共にある、というのがひとつの解釈で、多くの学者がこの説をとります。「わたしはある」という神の名前は、原文のヘブライ語では、ehyeh asher ehyeh と書かれています。ehyeh はヘブライ語の「ある」という動詞 hayah の一人称未完了の単数形で、これが二回繰り返されるため、翻訳すると、「私はあるだろうもので私はあるだろう」となります。でも、そう訳されてもよく意味がわからない。それこそ神秘なのです。

モーセに神の名前が告げられることで、逆により謎が深まる形で神が現れる。「私はあるだろうもので私はあるだろう」とは、あなたがたによって神とはこういうものだ、と簡単に定義されるようなものでは私はない、という非常にダイナミックな神のあり方を感じさせます。神とはまさに神秘であるのだということ、神の人間を越えたあり方を人間に示している。神のあり方がそうやって示されれば示されるほど、ますます謎は深まってゆく――神が自分のあり方を多少示してくれると、ますます人間の側の神への問いが深まっていくという形になっているわけです。

『カトリック教会のカテキズム』という、教皇庁によって作成された、カトリック教会の教理を体系的に説明した最も重要な公文書にも、神の名前について次のように書かれています。

「わたしは、あるという者である」、または、「わたしは、わたしはあるという者である」、あるいはまた、「わたしは、わたし自身で存在する者である」ということばでご自身の神秘な名（YHWH）を明かすことにより、神はご自分がどのようなかたであるか、またどのような名で呼ばれるべきかを示されました。神が神秘であるのと同じように、神の名は神秘的です。それは明かされた名であると同時に、名づけることの拒否ともとれます。まさにそのことから、それは神をありのままにもっとも正しく表現することになります。事実、神はわたしたちの理解とことばのすべてを無限に超越しておられます。神は、「ご自分を隠される神」（「イザヤ書」第四五章第一五節）なのです。そのみ名は名状しがたいものですが、人間に近づかれる神です。（『カトリック教会のカテキズム』日本カトリック司教協議会教理委員会訳、カト

リック中央協議会、六九―七〇頁）

この「ご自分を隠される神」とは、とても有名な言い方です。ラテン語でデウス・アプスコンディトゥス（Deus absconditus）――「隠された神」とは、「現された神（啓示された神）」、デウス・レヴェラートゥス（Deus revelatus）という概念と対に使われることもあるのですが、ここで面白いのは、二つのものがまったく別のものではないということですね。神は現れれば現れるほど、人間に対して自分はこういう存在であると語れば語るほど、神の存在の謎もますます深まってゆく。神がキリストという仕方で顕れるほどに神の存在のはかりしれなさも深まってゆく。「神秘」が歴史の中に現れれば現れるほど、神の存在の謎が深まっていくというわけです。

若松　謎を解き明かすよりも、謎を深めていくこと――それは現代人には難しいことかもしれませんが、きわめて重要な態度ですよね。

山本　現代人はすべてを「問題」として捉えがちなのだけれども、そうではない。「神秘」とともにあるというあり方で、謎に直面することができるということなのだと思います。

失われた死者と天使

若松　ガブリエル・マルセルの言葉に、「私は私の信じているものを知らない」というものがありますが、この一節は、信仰とは何かをじつに端的に表現しているように思うのです。信仰とは、知り得ないものを信じるほかないという地平で起こる出来事だというのです。この一節を私が初めて知ったのはマルセルの著作ではなく、批評家越知保夫（一九一一～一九六一）の遺著『好色と花』です。

この本との出会いは、私の生涯を決定しました。彼は吉満義彦の弟子で、批評家として関西の同人誌『くろおぺす』に寄稿していましたが、一冊も本を出さずに亡くなります。没後、有志によって刊行されたのが『好色と花』で、これを読み、驚きを表現したのが、島尾敏雄（一九一七～一九八六）、遠藤周作、そして井上洋治でした。越知はマルセルが来日した際、可能な限り講演を聴き、それを「ガブリエル・マルセルの講演」と題する一文にまとめています。これはマルセル論としても大変優れていますが、その終わり近くで越知は先の一節を引用するのです。

マルセルにとっては、信仰とは、その人の中にあって、他人の容喙《ようかい》しえないもの、他人がそれについて論議し是非する権利をもたないもの、一切の vérification（点

> 検）をこえたものであった。ところでverifiableであるということ、言いかえれば「なぜ」とか「いかに」とか問うことができ、又答えることができるということがそれが実在するということではない。inverifiableなもの、点検しえないものの実在性、いわば超越性の実在性ということが、彼の確認したいことであったのである。彼はそれを《Je ne sais pas ce que je crois》「私は私の信じているものを知らない」という言葉に定式化しようとしている。そしてこれが、彼の「盲目にされた直観」という言葉の意味であると考えられる。（「ガブリエル・マルセルの講演」、若松英輔編『新版　小林秀雄　越知保夫全作品』所収、慶應義塾大学出版会、二〇五―二〇六頁）

ここでいう知り得ないものとは、もちろん神がまずそこにあるわけですが、天使、あるいは死者もそうした存在です。マルセルの哲学の根底には、彼の死者論があります。彼は若くして母を喪っていて、母が超越界との扉になり、ついに無神論者だった彼に回心のときが訪れる長い伏線になっています。

彼にとって死者とは、何であるかを解明することはできないけれども、生者を生かしてくれる存在です。生ける者の教会は、亡き者の教会によって支えられている、というのがまさにカトリックの本来の考え方です。しかし、現代のキリスト教が失ったのは死者と天使であると言ったのが、吉満義彦でした。彼も妻を喪っている。そのことを背景に彼が「「実在するもの」」と題する一文を書いています。「吉満義彦による吉満義彦入門」というべき一文ですが、そこで彼は死者との交わりを語ります。どこか印象的な一節で、私の個人的な経験ですが、私も親しい者を亡くしたとき、彼の言葉に救われたように感じました。少し読んでみます。

「私は自ら親しき者を失って、この者が永久に消去されたとはいかにしても考え得られなかった。否な、その者ひとたび見えざる世界にうつされて以来、私には見えざる世界の実在がいよいよ具体的に確証されたごとく感ずる」と述べ、死者は彼方の世界への扉になったと語り、さらにこう続けます。

最も抽象的観念的に思われたであろうものが最も具体的に最も実在的に思われてきた。見えざる実在の秩序を信ずることとその存在を具体的に感ずることとは自ら別である。私は親しき者を失いし多くの人々とともに、失われしものによって最も多くを与えられる所以を今感謝の念をもって告白し、このまとまらぬ感想をとどめたいと思う。（「実在するもの」、『吉満義彦全集』第四巻所収、講談社、四六六頁）

愛する者を喪い、死者という新しい同伴者を得、自分は初めて実在と呼ぶべきものにふれたというのです。吉満が死者と共にしばしば論じたのが天使で、彼は天使が失われつつある世界を憂いていた。彼は「天使を黙想したことのない人は形而上学者とは言えない」（「理性と道徳の将来に関する断章」、『吉満義彦全集』第五巻所収、講談社、二四六頁）

という言葉も残しています。

山本　とても美しい言葉であるだけではなく、現代の思想に欠けているものを実に鋭く射抜いた言葉だと思います。一見奇抜なことを言っているようにも聞こえますが、天使論が最も花開いた時代と形而上学が最も深く探究された時代がともに西洋の中世であったということを考えると、短い言葉のなかに凝縮されている吉満の洞察の鋭さに驚かされます。

若松　「ヨハネによる福音書」の最後に、「イエスの行われたことは、このほかにもたくさんある。その一つ一つを書き記すなら、世界さえも、その書かれた書物を収めきれないであろうと、わたしは思う」（第二一章第二五節）という有名な言葉があります。これはつまり、聖書に書かれている〝小文字の言葉〟と、イエスに体現される言語を越えたもうひとつの言葉、〝大文字の言葉〟、そのふたつを読めないと、キリスト教に近づくことができないということを言ったものですが、天使とは、まさにこの二つを体現する存在です。天使は人間に言語的介入と同時に非言語的介入をもする存在でもあります。言語で還元できるところに近代のキリスト教がおしこめられてしまった結果、天使という存在は消されつつある。同じことは死者にも言えて、死者と天使という非言語的なはたらきを持った存在を、少し強い言い方をすれば、近代は黙殺した。そのことによって、キリスト教の伝統に断絶があるのは大きな問題です。キリスト教をめぐる解釈が言語的になったとしても、現実は非言語的であり続けている。ですから、天使や死者を見失うことは、きっと別の形で不可避な問題として現れてくるのだと思うのです。

その一例が教会のあり方です。教会がすべて生者の手によって握られるという現象になりかねないのです。生者が教会のあり方や神の言葉の解釈などすべてを決めてよいという生者絶対の思想を導きかねない。天使あるいは死者は、その歯止めとなる存在なのだと思います。

天使的経験とは

若松　現在のキリスト教は、死者なきキリスト教、天使なきキリスト教になってしまっていると言った人物は、吉満だけではありません。その源流にはリルケ（一八七五〜一九二六）がいます。リルケは、私と神をつないでくれる存在を取り戻そう、現代においては教会というものがもはやその役割を果たしてくれないのだ、としきりに嘆いていました。

『ドゥイノの悲歌』（手塚富雄訳、岩波文庫）で書いた天使にふれリルケはある人への手紙で、自分の天使をキリスト教の天使と思わないでほしいと書いています。

もしも死だの、彼岸だの、永遠だのというカトリック教の観念を『悲歌』や『ソネット』に当てはめる誤謬を犯しますならば、それはこれらの詩の出発点から完全に遠ざかって、ますます根本的な誤解を醸しだすことになります。『悲歌』の「天使」とキリスト教の天使との間には少しも関係がありません。（それは寧ろイスラムの天使たちに似ております）（『ミュゾットの手紙』〈リルケ書簡集5〉高安國世・富士川英郎訳、養徳社、二五二頁）

ここでいう「キリスト教の天使」とは、つまり概念化してしまった天使という意味です。リルケが拒んだのはイエスではなく、造られたキリスト、あるいはキリスト教です。一方でリルケは、「すべての天使はおそろしい」（『ドゥイノの悲歌』）と天使的経験を語っています。人間に恐怖と畏敬の念の入り混じった「おそれ」を抱かせる存在として、天使的なるものは聖なるものでもあると語るのです。一九世紀のカトリック教会に大きな影響を与えたJ・H・ニューマン（一八〇一〜一八九〇）などは天使的経験がないというのはどういうことか、と次のように語りかけています。

「天使はわれらの間にある（Angels are among us）これを看過して一切を自然法則をもって説かんとするは罪である」（J・H・ニューマン　吉満義彦訳）（「実在するもの」、『吉満義彦全集』第四巻所収、講談社、四六四頁）

ここでの「罪」は、誤りと同義です。天使の存在を無視した世界観には、大きな誤りが潜んでいる、というのです。

キリスト教における神秘はわれらの間にある、死者の世界と天使の世界、この世界とあの世界が不可分に存在している、人間という存在は彼方の世界からのはたらきによって生かされている。神秘を生きるとはつまり、私が生き、生かされることであるのだということなのでしょう。トマスもまた天使論を正面から扱っていると思いますが、現代において天使論を正面から語っている人は、トマス研究の第一人者である稲垣良典さんを別にすれば、とても少ない印象があります。天使が関心の外に追いやられてきたのには理由があるのでしょうか。

山本　『神学大全』には、日本語訳でほぼ一巻ぶん「天使論」があるくらいで、トマスは天使的博士と呼ばれてもいます。天使があまり語られなくなったのはやはり、キリスト教が倫理化されて、天使という存在があまり意味をなさなくなったからでしょう。天使論を語ろうとすると、おのずと悪魔や天国・地獄の話にもたどりつくことになるわけですが、キリスト教はそうした神話的な領域を合理化の名のもとにどこか避けてきたのだと思います。ただ、天使のような戦慄の感情に触れさせる存在を追いやって、わかりやすくしようとすることは、長期的に見れば逆にキリスト教をわかりにくくしてしまうと思います。天使を消してしまって宗教でなくて倫理でいいのではないかというふうになってしまいかねない。

若松　宗教の世界では、あるところにいくと、言語からほとんど完全に離れてしまうところがあって、天使論はそこを包括して展開していかないといけないのだと思います。人間にとって天使は経験であって論理ではないからです。神というのも神的経験がなければならないところを、言葉だけで語り得る神論にしてしまっては自らの試みを破砕《はさい》することにもなりかねない。

宗教の内実は、そもそも概念化し得ないものです。それを概念でのみ語ろうとすると き、最も重要なものから遊離することになる。それを語り得るのは概念化された言葉ではなく、経験に裏打ちされた言葉です。

論理では捉えきれないもの、戦慄を与えおびやかすようなもの――そうした天使という存在を、トマスはどう捉えているのですか。

山本 トマスは非常に饒舌に語る面がありつつも、同時に、何を語っても語りつくせないし、人間が神については完全に無知であると知ることが、知の究極なのだという言い方もするのですね。それならばなぜあれほど多くのことを語るのかということも一面ではあるのですが。神の善性や全能性、永遠性、無限性、完全性、神の知や意志の在り方、神の摂理や人間に対する救済のはたらきかけなど、実に多様なテーマに関してトマスは詳細に語り尽くしているとも言えるわけですから。

若松 でも、人は語れば語るほど、その一方で沈黙を生むという考え方もありますよね。何かを語るということは、その傍らに沈黙を生むことであるという言い方もできます。トマスは大きく語ることによって、大きな沈黙を生んだという捉え方もできる。でも私たち現代人は、トマスの文字を読めるけれど、トマスが語ることで生まれたその「沈黙」を読み取れなくなっているということではないでしょうか。神学が、真の意味で経験になったときに、可視的なものと不可視的なものとが両方読めるようになるのではないか、と思うのです。

彼がいたずらに多く語りすぎたという人がいますが、その見方は大変浅薄です。語られた言葉によって語られざる世界をもう一度再発見しなければならない。西洋と東洋をあまり簡単には分けられないけれども、仮に便宜的に分けるとすると、東洋の大きなポテンシャルというのは、そうした「沈黙」を読み取っていくことではないでしょうか。水墨画的世界を認識するのが得意であるように、余白の言葉を理解していくことには、天使的経験の深化にもつながる可能性があるように思います。

天使のいる世界、天使を取り戻すために

山本　死者が語られなくなったというところとつなげていくと、普通の現代人はトマスの世界観とはだいぶ違うところに住んでいるのだと思います。というのも、我々が天使のようなものを考えるとき、人間がいて神がいて、その真ん中に天使がある、というような漠然としたイメージを持つと思いますが、トマスの天使論における認識はだいぶ違うものなのです。人間とは神、天使、人間という知的存在の序列のなかで一番下に位置

するわけだけれども、世界に占める割合を考えたときに、人間界と神の間に広がる天使界というものは、我々の認識をはるかに超えた広さなのです。

人間の世界には複数の人種がありながらも、日本人のなかに山本がいて若松がいて……というように、同じ種のなかにたくさんの個がありますね。でも、トマスによれば天使においてはまったく異なる。一人の天使はひとつの種だというのです。つまり、天使Aと天使Bの違いは、同じ種のなかの個体の違いなのではなく、種の違いなのです。天使は肉体・質料を持たない存在です。通常の生き物は、ひとつの種において、質料がそれぞれに異なるから個があるわけです。しかし天使には質料（肉体）がないので、ひとつの種を多くの個体に分かつ原理がないのですね。一人の天使が一つの種なのであって、山ほどの種が天使のなかにはある。そして、それらの天使には上下の序列がある。だから、我々が天使について考えるときに思い浮かべるよりもはるかに広大に天使の領域が広がっている。天使界を考えるということは、現代の世俗化した世界とは相当異なる世界の広がりを考えることでもあるのです。

若松　とても重層的な世界観ですよね。その重層的な世界の中で、はじめて人間界も存在するという認識ですね。つまり、もしキリスト教的に世界を認識するならば、人間が神をどう理解するかではなく、神が人間をどう生かしていくのかという視座が重要になってくる。そうなると、天使界を無視するなどということはありえないことになります。天使なき世界を考えるのは罪だとニューマンが言ったのは、まさにそういうことですね。

山本　トマスはまた一方で、天使の存在をきわめて論理的に捉えもします。神というのはまったく物質性がない存在です。一方で、人間は精神的な側面と物質的な側面とが合成された存在ですね。完全に一なる存在で物質性のない神と、複数いて物質性をもつ人間との間に、質料を持たない、複数存在するもうひとつの存在として天使を考えるほうが、世界の階層的な理解がより整合的な仕方で可能になると考えたのです。人間の世界があって神の世界があってと考えたときに、人間以外の知的存在を考えたほうが合理的だと考えた。

若松　神秘的存在を認めるほうが合理的だと考えるのは、ある叡知のかたちだと思いますし、優れた科学者に同様の認識を持つ人も少なくありません。カトリック司祭のなかにも秀逸な科学者はいますね。ジョルジュ・ルメートル（一八九四〜一九六六）のような、司祭であり時代を牽引した宇宙物理学者もいる。

また、天使的存在を認めた方が合理的だと思われるのは、言葉のはたらきを考えるときです。トマスの天使の捉え方にもあるように、神の公理のようなものがあって、神の世界があって天使の世界があって無数の種があって……ということを考えたときに、それはあちらの世界だけの常識ではなく、こちらの世界にも似たものがあるのではないか。そしてそれは言葉なのではないか、と思うのです。

天使とは、個々別々の種であるといったとき、言葉もまたそうだと思います。水という言葉と火という言葉は、種が違うように交わることはない、でもその間に微妙な共振共鳴があって、それが一つになったときに何か予想をくつがえすようなことが起きる。私は詩を書きますが、今話していることを強く実感します。自分が言葉を書くのではなくて、言葉に助けられて書くという天使的な経験というのは、ものを書くときにあるのです。言葉の力があるからこそ自分において表現が可能だという感覚は実体験としてあります。

山本　若松さんは、一冊の本ができたときに、自分がただ書きたいように書いたのではなくて、もともと本のイデアがあってそれに導かれて書いたのだ、というような言い方をすることがありますよね。

若松　誤解を恐れずにいうと、自分が生涯において書くだろう本というのは、すでにイデアとしては出来上がっているという気もします。出来上がっているのだけれども、それをすべて掘り起こせるかどうかということが問題で、しかしおそらく掘り起こせないまま死んで行くのだとも思います。しかしそれは予定説とは違うのです。先ほどイデアとして、と言いましたが、プラトンの想起的感覚に近いです。原型としてはすでにイデア界にあるが、私の力が不十分でそれを完全に掘り出すことができないだろうという感じです。

山本　若松さんのその本を書くときの感覚、天使的なものに助けられているという感覚はある程度わかるような気もするんですよね。本を書いていて行き詰まりを感じているときに、それまでまったく開いていなかったような本を開いてみると、たまたまその行き詰まりに関係のある言葉が見つかったりする。その発見は偶然的なものであるはずなのに、結果的には、それなしには執筆が完成しないような、或る種の必然性の相を帯びて現れてくる。偶然見つかったその言葉が行き詰まっていた局面を突破して、次の展開をもたらしてくれたりする。そういう出来事は、若松さんはどのように捉えられますか。

若松　それは「ライブラリーエンジェル」というものですよね。自分一人で書いているとは思えない、何かおりてくるもの、何らかの介在がそこにあるとしか思えないことはありますよね。クルティウス（一八八六〜一九五六）が同じことを言っています。彼はバルザック論を書いているときにどうしても見つからないエビデンスがあったと言います。もう見つからないから諦めようかなと思っていたときに、ソーセージを買ったほご紙に偶然それが載っているのを見つけたというのです。クルティウスは、「精神がひじょうに緊張しているときには、そのための努力をしなくても、求めるものが与えられる。わたしはこういう経験をなんども確認した」（『読書日記』生松敬三訳、みすず書房、七頁）と、精神が良質な緊張状態にあるときにはいわゆる「意味ある偶然」も起き得ると書いています。このような現象をユング（一八七五〜一九六一）は共時性と呼び、自身の心理学の中枢に置きました。多くの出来事は自然の力で起きる。しかしユングは意識と時空のある交わりによっても生起すると考えました。

でも批評家の条件というのはまさにそういうことだと思います。調べる力をいくら磨いてもだめで、ライブラリーエンジェルのようなものに開かれていくことが、ものを書いていくうえではとても大事なことだと思います。

　逆にその働きに気づかされると、自分ですべて書いているなどとは到底思えなくなってきて、謙虚にもならざるをえない。ミケランジェロが大理石からダヴィデを彫り起こしたときにも、あるいはカトリックでもあった彫刻家の舟越保武（一九一二〜二〇〇二）も近いようなことを言っていますね。石から像を作るのではなくて、その中に埋まっている女性の姿を掘り返すのだと。そういう感覚は書くことをめぐってあるという気がします。つまり能動態ではなく、受動態になるということ。現代の社会は常に人間が能動的であることを求められがちだと思いますが、天使的世界に遭遇することは、受胎告知ではないけれども、自分が受動態になるという経験でもある。宗教の世界もまた能動的になっている現代ですが、本来はまさにこの能動と受動の創造的交換がなされる場が宗教の世界だと思うのです。

祈りを取り戻す

山本　宗教が道徳化したというのはまさに、宗教が能動的な世界に転じたということでもありますね。アブラハム・ヘッシェルの『人間を探し求める神』という著作のタイトルにあるように、人間が幸福になりたくて神を求めるというのではなく、神である超越者の方がまず人間にはたらきかけてくるという世界観を取り戻すこと。それは超越者である天使というもののリアリティを認識することと、きわめて近いことだと思います。神秘に満ちた出来事を読みとることができないでしょう。おそらく天使的なリアリティが失われてしまったことには、形而上学的な言葉の認識の不足ということもまたあるのだと思います。

若松 天使を認めないと、福音書というものがそもそも読み解けないと思います。

山本 その指摘は非常に重要で、中世の神学においては天使の問題は形而上学の問題なのです。この世界のすべてのものは質料と形相から構成されているという、アリストテレスの『形而上学』に由来する質料形相論という哲学の基本概念をめぐる問題ですね。神だけでなく天使という存在もまた質料のない形相、つまりは純粋形相であるという話になっていく。天使論とは目に見えない不思議な存在があるか否かという問題にとどまらない形而上学的な問題なんですよね。

若松 私たちが普通に考えることのできる概念理解を超えたものを認識していく視座ですよね。文字で書かれたものを字義通りに考えるのではなくて、形而上学的に考えていく訓練なしには、聖書の言葉の解釈をいくら積み重ねても、経験の扉は開かれない気がします。

山本 それはもちろん何らかの経験があって、その経験を聖書の言葉を通じて理解していく、ということですよね。何か超越したものに触れていなければ、言葉だけではわからない。

若松 祈りという問題がありますよね。祈りなき宗教学というものはあり得ないと思います。いまは祈りが失われつつあるのではないでしょうか。

山本 宗教学という学問はキリスト教神学を相対化する仕方で出て来たものなので、特定の宗教にコミットせずに、様々な宗教を相対化していく観点なんですよね。

若松 そうすると、実証的な、あるいは狭義の科学的な宗教学をいくら勉強しても、宗教が見えてこない可能性も否定できない。実証に基づいた宗教学では、実証し得ない天使は、論究するのが難しい存在になりますね。神学というものはどうなのですか。

山本 神学はもちろん祈りとともにあります。

若松 そうですよね、祈りなき神学はあり得ないですよね。やはりいま求められているのは、神学ないし神学に類するものの復権ではないでしょうか。超越に対する呼びかけ、超越との応答を学問の根幹に据えたものを復権しなければいけないのではないかと思います。

山本 その神学の精神を表すラテン語に、「レックス・オランディー、レックス・クレデンディー（Lex orandi, lex credendi）」という言葉があります。「レックス・オランディー」とは「祈りの法」を意味するのですが、「祈りの法」が「レックス・クレデンディー」すなわち「信じることの法」である、という言い方をします。つまり、教義（信じることの法・規範）は、そもそも祈りのあり方がまず基盤にあって生まれてくるのだということですね。超越者との具体的な関わりの在り方があって、それを反省的に捉えるところから、教義が生まれてくるという精神が神学の基本にはある。実証的な宗教学とはかなり違うものです。宗教学は学問の定義上、超越者が宗教を作ったとは考えず、人間の産物として宗教を捉える傾向があるのです。

若松　岩下壮一の本などでは、結局、近代的な――人間中心の哲学に迎合した神学では、最終的にはキリストは存在しないことになるけれども、本当にそれでいいのか、大事なことを何も探求できなくなるのではないか、と述べられていますが、その通りだと思うのです。

信仰生活というものは、世間知から見れば、ある愚かさをもって映るはずです。神が人間になったなどという信じがたいことを信じるということは、世間的常識から見ればある種の愚かさにわが身を投じるところから始まるものです。そこを見過ごして、知識としての宗教を学ぶだけでは、宗教を生きることはできない。

たとえば、奇跡の問題があります。奇跡などということを信じるのはそれこそ愚かに見えるかもしれませんが、私自身、奇跡があるということを信じていて、それが自分の信仰のとても重要な部分を成していることは否定できません。ただ、病気を治すことだけが「奇跡」だとは考えていませんが、病気治癒もあり得ることだと感じています。もちろん、それが非合理的な考えであることを理解したうえで、なおかつ他人に押しつけるようなことからは遠く離れていますが、しかし、奇跡と自らの信仰は不可分に存在している。聖母マリアが出現したとされるルルドやファティマといった聖地に対する打ち消しがたい畏敬の念もあるのです。

山本　奇跡に関してはトマスも面白い言い方をしています。初代教会においてキリスト教が広まっていくなかで、奇跡が起きたというようなことが聖書の「使徒言行録」をはじめいろんな形で書かれるけれども、本当に奇跡は起きたのかという問いを立てる。そして奇跡が実際に起きたということを肯定してから、面白い言い方をします。もしも、聖書で語られているような奇跡なしにキリスト教という教えがこれほど広い範囲に広まったとすれば、それこそ大きな奇跡である、というわけです。いずれにしても奇跡があったことを認めるのですが、奇跡とは神学的に言えば、神が直接介入して起こる出来事ということなのですね。

若松　そういう意味では天使的とも言えるものですね。

山本　ものには自然法則というものがあって、その自然法則の作者は神であるわけです。自然法則の作者である神は、時にその自然法則を超えた仕方で世界や人間に直接的に介入することができる、というような仕方で奇跡というものを説明するわけですね。天使の介入のようなものを考えるとしても、天使だけの力では奇跡は起こせなくて、創造者である神の力の介入を想定することによって初めて奇跡というものを捉えることが可能になるのです。

第三章 言葉

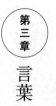

初めに言葉があった

若松　「言葉」は、キリスト教を理解する最重要の鍵語であるので、まず山本さんに「言葉」をめぐる歴史を少しまとめてお話しいただきたいと思います。

山本　人間の「言葉」を超えた「神秘」に対して、人間の「言葉」でどのように肉薄していくことができるのか、というキリスト教の根本問題についてここまで語ってきました。キリスト教において「言葉」を語ろうとするとき、ほぼすべての人が思い浮かべるであろう一節があると思うので、少し長いですが、そこから紹介しましょう。「ヨハネによる福音書」の冒頭の部分です。「ヨハネによる福音書」をはじめとする「福音書」は、イエス自身が語っているのではなく、イエスの言行について弟子たちが語っている文書です。新約聖書には、「マタイによる福音書」「マルコによる福音書」「ルカによる福音書」「ヨハネによる福音書」の四つの福音書が含まれています。

これらの福音書は、イエスの「伝記」ではありません。三十数年に及んだイエスの人生の最初と最後の数年間以外のことは、ほとんど述べられていません。イエスの「死と復活」という驚くべき出来事に直面し、イエスが「救世主」であると確信した弟子たちが、イエスの様々な言行をあらためて反芻し、どのような意味においてイエスが「救世主」と言えるのかを物語形式でまとめたのが「福音書」です。

「ヨハネによる福音書」以外の三つの福音書は、「共観福音書」と言われます。イエスに関する共通の伝承を多く含んでいて、共通の記事を同時に観て取ることができるところから、そのようにまとめて呼ばれるようになりました。

それに対して、「ヨハネによる福音書」には独自の記事が多く、福音書のなかでも特別な魅力を持つものとして、多くの思想家に多大な影響を与えてきました。その「ヨハネによる福音書」のなかでも最も有名で、人口に膾炙しているのが、「初めに言《ことば》があった」という冒頭の有名な一文です。冒頭部（第一章第一～一八節）を少し長めに引用してみましょう。

[1]初めに言《ことば》があった。言は神と共にあった。言は神であった。[2]この言は、初めに神
と共にあった。[3]万物は言によって成った。成ったもので、言によらずに成ったもの
は何一つなかった。[4]言の内に命があった。命は人間を照らす光であった。[5]光は暗闇
の中で輝いている。暗闇は光を理解しなかった。
[6]神から遣わされた一人の人がいた。その名はヨハネである。[7]彼は証しをするため
に来た。光について証しをするため、また、すべての人が彼によって信じるように
なるためである。[8]彼は光ではなく、光について証しをするために来た。[9]その光は、
まことの光で、世に来てすべての人を照らすのである。[10]言は世《よ》にあった。世は言に
よって成ったが、世は言を認めなかった。[11]言は、自分の民のところへ来たが、民は

受け入れなかった。[12]しかし、言は、自分を受け入れた人、その名を信じる人々には神の子となる資格を与えた。[13]この人々は、血によってではなく、肉の欲によってではなく、人の欲によってでもなく、神によって生まれたのである。[14]言は肉となって、わたしたちの間に宿られた。わたしたちはその栄光を見た。それは父の独り子としての栄光であって、恵みと真理とに満ちていた。[15]ヨハネは、この方について証しをし、声を張り上げて言った。『わたしの後から来られる方は、わたしより優れている。わたしよりも先におられたからである』とわたしが言ったのは、この方のことである。」[16]わたしたちは皆、この方の満ちあふれる豊かさの中から、恵みの上に、更に恵みを受けた。[17]律法はモーセを通して与えられたが、恵みと真理はイエス・キリストを通して現れたからである。[18]いまだかつて、神を見た者はいない。父のふところにいる独り子である神、この方が神を示されたのである。

このテクストは非常に有名な、難解といえば難解な箇所でもあるのですが、キリストの生涯を語った福音書のひとつである「ヨハネによる福音書」の序文にあたるというだけでなく、ある意味ではここにキリスト教のすべてが含まれていると言っても過言ではない、二千年のキリスト教の歴史のなかで最も重要視されてきた箇所なのですね。非常に単純化して言えば、イエスというのは、三十年くらいの短い生涯を地上ですごしたひとりの人間であっただけではなく、もともとは神だったのだということを言っているのです。

「肉」とは何か

山本　「初めに言《ことば》があった」。では、この「言」とは何なのか。一四節を見ると、「言は肉となって、わたしたちの間に宿られた」とあります。「肉」が何かと言えば、人間のことなのです。だから、神である言葉が人間となって私たち人間の間に宿られた、これがイエス・キリストなのだ、ということになります。キリストとは単に人間なのではなく、神が人になった存在なのですよ、というわけです。神が人になったその神のことを単に神というのではなく、ここでは「言」と言うのですね。

　では、「言葉」とはどういうものか。私たちの日常を考えてみたとき、誰かの言葉を聞くと、およそその人はどういう人なのかという輪郭がわかる、それが言葉というものではないでしょうか。言葉とは、語る人のありかたを示すものです。「ヨハネによる福音書」の別の箇所には、イエスが弟子に「わたしを見た者は、父を見たのだ」（第一四章第九節）と語っている箇所があります。イエスに触れれば、イエスの言葉を聞けば、それは神の言葉を聞いたにも等しい。イエスの言行を見たら、それはすなわち神のあり方を見たことになるのだ。イエスが神の言葉であるとは、イエスが神とはどういう存在なのかということをありありと示してくれる存在なのだ、ということです。

だから「言葉」とは、キリスト教において単に聖書におけるひとつひとつの言葉にとどまるのではありません。キリスト教の中心であるイエス・キリストは、神の言葉そのものだと理解されている。その意味において、「言葉」はキリスト教のなかで中心となる概念のひとつだと言えるのです。

この「言葉」は、原典においては古代ギリシア語で「ロゴス」と書かれています。これは非常に多義的で深さを持った言葉なので、日本語の「言葉」という一語には還元し尽くせない深みがあります。ここで語られている「言葉」の多層性にもう少し触れてみるために、聖書の成り立ちを少し紐解いてみましょう。

「ヨハネによる福音書」は新約聖書の一部で、新約聖書は古代ギリシア語で書かれています。一方で旧約聖書はヘブライ語で書かれています。イエス自身はアラム語またはヘブライ語を話していたのですが、新約聖書にはギリシア語を話したわけではないイエスの言葉がギリシア語で書かれている。ですので新約聖書のギリシア語を理解するためには、その背景にあるヘブライ語的な発想を知っている必要がある場合があります。その典型的な例が、この「肉」という言葉です。

「言は肉となって」と書かれているのを読むと、なにか神が肉体をまとって顕れた、それがイエス・キリストだと読んでしまう人がいる。今の日本のみならず、古代以来、キリスト教の神学者たちのなかにも、そのように読んだ人たちがいたのです。キリスト教史は、正しい考えに立脚している「正統」とそうではない「異端」に分けて捉えることができるのですが、「異端」とされた人たちの一部は、この「言は肉となって」の「肉」を「肉体」と理解したのです。しかし、実際には、この「肉」は「肉体」を指すのではなく、「人間全体」を指すのですね。

ギリシア語において「言葉」を理解する

山本　ヘブライ語にはバーサールという言葉があります。この言葉は、もともとは「肉」という意味なのですが、しかし広くは「人間全体」を指すのです。旧約聖書を読むと、「肉的」あるいは「霊的」という言葉が数多く出てきます。「霊」と「肉」はキリスト教で重要な概念です。しかし、ここでいう「霊的」「肉的」とは、語感から捉えられがちな「精神的」「肉体的」という意味ではありません。ヘブライ語では「霊」も「肉」もともに「人間全体」のことを指すのです。人間全体が「霊的」であったり、人間全体が「肉的」であったりする。「肉的」とは弱い人間、はかない人間のありさまを指す。それに対して、「霊的」とは神に従うあり方をしている人間全体の在り方を示しているのです。

そうしてみると、「言は肉となって」とはつまり、神が「弱い」「はかない」人間になった、ということを言っているのです。単に肉体をまとったというのではなく、肉体も精神もひっくるめて、他の人々とまったく同じはかない弱さを持った人間となって、神が私たちの間に宿られた、という意味になるのですね。このように、聖書を読むときには、日本語の普通の語感だけで読むと、読み間違えてしまうことが多々あるのです。

若松　大変興味深いですね。ここでいう「言葉」とは何か、もう少しだけ説明してもらえますでしょうか。たとえば、「初めに言があった」というときの「言葉」は言語や文字におさまりきらない何ものかだと思うのですが。

山本　「言（言葉）」と訳されている単語は、先に述べたように、原典の古代ギリシア語ではロゴスという言葉です。しかし、ロゴスは、「言（言葉）」という言葉だけでは理解できない非常に豊かな意味の広がりを持った概念であり、古代ギリシア哲学の中心的な言葉のひとつです。古代ギリシアの哲学者たちは哲学という営みによって、ロゴスを探求したと言ってもいいと思うのですが、ロゴスには、この世界を統《す》べおさめている理法、理、論理、概念といった訳をあてることができます。この世界を世界たらしめている根源的な「理法」でもあれば、それを理解する人間の「理性」でもあれば、理解したその内容を表す「言葉」でもある。

　そうした意味の広がりを持っている一方で、「初めに言があった」とは、この世界はカオス、無秩序なものではなくて、原点にあるのはロゴスであるということを述べているのです。この世界というものはまったく偶然に作られたものではなくて、世界の原点には、ある理法や秩序があるという発想が含まれているのですね。すると、キリストはロゴスである、それが人になったと言うとき、そこには、キリストとはこの世界の根本的な理法がどのようなものなのかということをありありと教えてくれた存在なのだ、という含意があるのです。

この「ロゴス」という、宇宙の理法から人間の言葉までを指し示す多層的な意味の広がりを有する言葉が、イエスの生涯について語られた新約聖書の冒頭に置かれていることから、キリスト教には最初からほかの文化には還元できないギリシア的な要素が含まれていたということがうかがわれます。人によっては、聖書でギリシア語的な言葉が使われていても、ギリシア語の背景にあるヘブライ語にまで常に立ち返って考えることが不可欠だと言ったりします。でもヘブライ語にはロゴスにぴったりと対応する言葉はないのです。「ロゴス」という言葉に着目することによって、ヘブライ的なことには還元できないキリスト教固有のギリシア的な要素が浮かび上がってくるところがあるのです。

若松　キリスト教発生のときから、キリスト教はそもそも多義的な文化の中にあったとも言えるのでしょうね。もう少し歴史に即して言えば、当時のユダヤ人自身の中にヘブライ語がわからないという人たちがすでにいた。そうするとギリシア語が第一言語である人たちが多数いたわけです。一見すると純血主義に見える一方で、キリスト教は文化がさまざまに混交できる場であり続けてきた。その宗教のあり方はとても重要だと思います。

山本　古代のギリシア語はとても重要な言語です。というのも、「普遍」という発想を生んだ言語だからですね。「普遍的」と訳される「カトリック」という言葉は、「カトルー」というギリシア語に由来するのです。ギリシア文化は「普遍」という発想を生んだ文化であり、文明を越えて広がってゆくその普遍性を、ギリシア的なるもののなかにそもそも持っていたとも言えると思うのです。

若松　キリスト教における聖書に限らず、現代人が何か聖典を読んでいくときには、意味の多層性を読み取る訓練をしないと、大きく読み誤るおそれがあります。本来読み手に開かれた多層的な深さに気づかずに、表面的な第一層の読みにとどまってしまえば、それは大変もったいない。言葉の表層に捉われては、つまらない論争に目を奪われてしまうかもしれません。

コーランを翻訳した井筒俊彦もよく、コーランを読みながら、言葉には三つの層があると言っていました。現代人はひとつの言葉にひとつの意味を与えて縛られがちですが、認識の深まりとともに言葉そのものが深まっていく、そうした動的な多層的な広がりを聖書は持っているのです。『「コーラン」を読む』（岩波現代文庫）という著作で述べられていることをまとめると次のように言えると思います。

第一層　realistic――事実的階層
第二層　imaginal――異界的（幻想的・神話的）階層
第三層　narrative/legendary――物語的階層

一番目の層にある言葉というのは、知識で理解できるものかもしれない。でもキリスト教にもっと近づいていくためには、どうしてもそれを越えた奥深いところに入っていかざるをえない。第二層、さらにその奥の第三層に分け入って行くことなしには、イスラームやキリスト教のみならず、聖典と呼ばれるものの深奥に近づくことはできないのだと思います。

近代の聖書学は第一層を読むことにおいて多大な貢献をした。そこに文学や哲学が有機的に絡み合うなかで、新しい聖書の頁が開かれるのではないかとも思います。

神の口から出るすべての言葉

若松　神の「言葉」を考えるとき、ほとんど同時に頭に浮かぶいくつかの箇所が新約聖書にあります。「マタイによる福音書」からです。

[1]さて、イエスは霊に導かれ荒れ野に行かれた。それは悪魔によって試みられるた
めであった。[2]そして、四十日四十夜断食した後、空腹を覚えられた。[3]すると、試み
る者が近づき、イエスに言った、「もしあなたが神の子なら、これらの石がパンに
なるよう命じなさい」。[4]イエスは答えて仰せになった、
「『人はパンだけで生きるのではない。

神の口から出るすべての言葉によって生きる』
と書き記されている」。（「マタイによる福音書」第四章第一―四節）

「人はパンのみにて生くるにあらず」とは、しばしば聞かれる一節かもしれません。しかし、ここでより重要なのは、「神の口から出るすべての言葉によって生きる」という一節です。これは新約聖書の根幹でもありますし、キリスト教における言葉とは何かを考える際の基点としたい箇所でもある。「神の口から出るすべての言葉」とは何かを考えることは、キリスト教とは何かを考えるにも等しい問題だと思うからです。

「神の口から出るすべての言葉」とは何か、それはイエスにはわかっているけれども、私たちには永遠にわからないことであるかのように聞こえるかもしれません。けれども、そうではない。ある道を求めて生きている人には、このことは、深く認識されているということが、次の言葉からわかる。同じく「マタイによる福音書」にある一節です。

5 さて、イエスがカファルナウムにお入りになると、百人隊長が近づいてきて、イ
エスに懇願した。6「主よ、わたしの僕《しもべ》が中風《ちゅうぶ》でひどく苦しみ、家で寝込んでいます」。
7 イエスが、「わたしが行って癒やしてあげよう」と仰せになると、8 百人隊長は答え
て言った、「主よ、わたしはあなたをわたしの屋根の下にお迎えできるような者で
はありません。ただ、お言葉をください。そうすれば、わたしの僕は癒やされま

す。」（「マタイによる福音書」第八章第五―八節）

自分のいちばん大切な人が大きな病に陥っている。そのときに、イエスという病を治す力をもつと言われている人がいて、その人があなたの家に行ってあなたの僕を癒してあげる、というのです。

するど、この百人隊長は「いえ、あなたの奇跡の業ではなくて、あなたのお言葉をください」と言ったというのです。さらに、その百人隊長の言葉を受けてイエスは弟子たちにこう言ったというのですね。「あなた方によく言っておく。イスラエルの中でさえ、これほどの信仰を見たことがない。」（「マタイによる福音書」第八章第一〇節）

イエスは確かに人々の病をたくさん治した。しかし、私が人々に届けたいと思っているのは何よりも言葉なのだ、ということがはっきり述べられている。「わたしの僕を癒してほしい」と言ったとき、自分のなすべきことは僕のもとに神の言葉をもって帰ることなのだ、と百人隊長はわかっていた。イエスが神であることを、百人隊長はわかっていたのです。

実は、聖書の中でイエスが神だとわかっていた人は、決して多くない。それは数えるほどで、洗礼者ヨハネ、ヨハネの母エリザベト、マリア、そして百人隊長、あとはイエスと共に十字架に架けられた罪人だけなのです。弟子たちはどうかといえば、イエスは偉大な人だと思っているけれども、イエスを本当に神だとは信じ切れていない。

ひとは、どんな局面において「お言葉をください」と言えるのか。何を求めるときに、「お言葉をください」という言葉が出てくるのか。このことが、キリスト教を考えるときに、とても重要な問題なのではないかなと思います。

"大文字の言葉"と"小文字の言葉"

山本 若松さんが聖書のなかでもとりわけ有名な箇所をご紹介してくださいました。「神の口から出るすべての言葉」、ここは聖書のなかに書かれているすべての言葉、と言い換えてもいいと思いますが、聖書のなかに書かれているひとつひとつの具体的な言葉と、先ほどの「初めにあったロゴス」「初めにあった言葉」というのは、どういう関係にあるのか、おそらく多くの人が気になるところだと思います。その点を説明しているいくつかのテクストを紹介してみましょう。一つ目は、トマスの『使徒信条講話』という著作からです。

神の御言葉《みことば》が神の子であり、また神のすべての言葉が御言葉のなんらかの類似であるならば、私たちは次のことを行わなければならない。

(1)神の言葉を進んで聞かなければならない。なぜなら、神の言葉を進んで聞くことは神を愛するしるしだからである。

（2）神の言葉を信じなければならない。なぜなら、神の言葉を信じることによって神の御言葉自身、すなわちキリストが私たちの中に住まわれるからである。使徒パウロは言っている。「私は、愛に根ざし、愛にもとづくあなたたちの心に、信仰によってキリストが住まわれることを願う。あなたたちはすべての聖徒とともに、かの奥義の広さと長さと深さを理解する力を受けるであろう」（「エフェソの信徒への手紙」第三章第一七—一八節）。（トマス・アクィナス「使徒信条講話」竹島幸一訳、『トマス・アクィナス』（中世思想原典集成14）所収、平凡社、七四六—七四七頁）

ここで「御言葉」と訳されているものを〝大文字の言葉〟、そしてただの「言葉」と訳されているものを〝小文字の言葉〟と言っておくとすると、この〝小文字の言葉〟とは聖書のなかに書かれているさまざまな具体的な神の言葉なのですね。そして「神のすべての言葉」とは、〝大文字の言葉〟、すなわちロゴス・キリストの何らかの類似であるとトマスは説く。（2）の一行目を読むと、〝小文字の言葉〟を信じ、それを実践して生きることによって、「神の御言葉」自身、つまり〝大文字の言葉〟、すなわちキリストが私たちの中に住まわれるというのです。

聖書の具体的な言葉を聞き、それに基づいて生きることによって、我々は神の御言葉であるキリスト自体と深く結びついていけるのだ、という発想があることがここから読み取れますよね。これはトマスのみならず、キリスト教神学に共通の基本的な発想と言ってもいいのです。前教皇である教皇ベネディクト十六世が「使徒的勧告」として発布した文書である『主のことば』から見てみましょう。

このような神の計らいは、みことばの受肉によって決定的なしかたで実現しました。被造物のうちに示され、救いの歴史の中で伝えられた永遠のみことばは、キリストにおいて「女から生まれた」（「ガラテヤの信徒への手紙」第四章第四節）人となりました。ここに、みことばは、何よりも、言語や概念や規則とは違うしかたで現れました。ここにわたしたちは、イエスというかた自身の前に立ちます。イエスの唯一で独自の生涯は、神が人類に語りかけた決定的なみことばです。それゆえわたしたちは、なぜ次のようにいえるかが分かります。「人をキリスト信者とするのは、倫理的な選択や高邁《こうまい》な思想ではなく、ある出来事との出会い、ある人格との出会いです。この出会いが、人生に新しい展望と決定的な方向づけを与えるのです」。（『回勅　神は愛』五―六頁）。（教皇ベネディクト十六世『使徒的勧告　主のことば』カトリック中央協議会司教協議会秘書室研究企画訳、カトリック中央協議会、三〇頁）

「イエスの唯一で独自の生涯は、神が人類に語りかけた決定的なみことばです」と言うのですね。この神は旧約聖書以来、さまざまな仕方で人間に「言葉」（〝小文字の言葉〟）を語ってきたのだけれども、最後に決定的な〝大文字の言葉〟を語る。イエスの唯一で独自の生涯全体が、神とはどういう存在なのかを決定的に語る〝大文字の言葉〟なのです。しかも〝小文字の言葉〟と〝大文字の言葉〟とは決して無関係ではなく、〝小文字の言葉〟は、究極的にはすべて〝大文字の言葉〟であるイエス・キリストとはどういう存在なのかを指し示すものだと言うのですね。

若松　「言葉」は、日本人にとってキリスト教を理解する重要な鍵語であるにもかかわらず、あまり論じてこられなかった。それが、日本にキリスト教がいまひとつ根付かない原因だったのかもしれません。福音書には「マタイによる福音書」「マルコによる福音書」「ルカによる福音書」「ヨハネによる福音書」の四つがあります。その最後の「ヨハネによる福音書」の最後は先にも見ましたが、「イエスの行われたことは、このほかにもたくさんある。その一つ一つを書き記すなら、世界さえも、その書かれた書物を収めきれないであろうと、わたしは思う」との一節です。聖書はイエスの行ったことをすべて言語で書いたわけではないということと、イエスの生涯は、人間が考えているような言語のなかに収まるようなものではないだろう、という二つのことが多層的に語られている。

現代人が聖書を読む、というとき、気を付けないと日常使っている言語というもので解釈していて、第一層で読みがとどまっている可能性があります。しかし、「ヨハネによる福音書」の最後には、すべてを言語で書き記すことができないという意味で、もう一点は言葉そのものの持つ限界性において、聖書というものはすべて言語によって理解できるものではないと記されている。

四つの福音書の最後にこう書かれていることには、とても大きな意味があると思うのです。新約聖書が今の形に編纂されていくのに、さまざまな変遷があったわけですが、おそらく、この言葉によって福音書を終えよう、という大きな出来事があったのだと思います。問題を複雑にするようですが、聖書に書かれている言葉をすべて理解すればキリスト教とは何かがわかるわけではないということは、念頭に置いておいてもらえたらと思います。

聖書は未完の書物である

若松　このことの対極にいたのが、ある点においてはカトリックに強い違和を唱えた内村鑑三です。聖書がどういうものかを語った内村の文章があります。

聖書は大なり、しかれども活けるキリストは聖書よりも大なり、我らもし聖書を学んで彼に接せざれば、我らの目的を達せりと言う能《あた》わず、聖書は過去に於ける活けるキリストの行動の記録なり、而して我らは今日彼の霊を接《う》けて、新たに聖書を作らざるべからず、古き聖書を読んで新らしき聖書を作らざる者は聖書を正当に解釈せし者にあらず、聖書は尚お未完の書なり、而して我らはこれにその末章の材料

を供せざるべからず。（「聖書と活けるキリスト」、『内村鑑三全集』第一二巻所収、岩波書店、四七六頁）

聖書は未完の書物である、と内村は言うわけです。それどころか、未完の書物であるがゆえに、書き進めていかなければならない、ということまで言う。内村にとっての聖書とは新約のみならず旧約をもあわせたものです。いままでの聖書を受容するだけでは足りない。書かれた聖書の言葉は、言葉を越えてキリストにふれていくためのひとつの契機であり扉である、というのが内村の認識です。

山本　若松さんが紹介してくださったこの二つのテクストは、キリスト教における「言葉」を理解するために非常に重要なところです。「ヨハネによる福音書」の最後は私も大好きな箇所なのですが、キリスト教の二千年の思想史を理解するときに、ひとつの区切りとなったのが、ルターによる宗教改革です。宗教改革の前後でキリスト教をめぐる発想がいろいろと変わるところがあった。

プロテスタンティズムの運動とはしかし、キリスト教についての新たな理解を打ち立てようとしたものというよりは、むしろ、キリスト教の原点に帰ろうとする原点回帰運動でした。中世のキリスト教神学はキリスト教とギリシア的なものを結びつけてキリスト教をゆがめてしまったと考えて批判したルターは、「人はアリストテレス的ではないありかたをすることによってはじめてキリスト教の神学者になることができる」とか

「アリストテレスは悪魔の手先だ」というような言い方さえもした。その姿勢は、ルターの三つのスローガンと言われるものに現れています。「信仰のみ」「聖書のみ」「恩寵のみ」という三つの「のみ」をルターが強調したのです。「言葉」との関係において大事なのは、そのなかのひとつ、「聖書のみ」です。

中世のカトリック教会は、聖書に書かれていないさまざまな夾雑物をキリスト教神学に付け加えてしまった、しかし、キリスト教は「聖書のみ」を基準に考えていくべきだというのが、ルターが宗教改革で行った批判のひとつなのです。ですが聖書をよく読んでみると、聖書自体のなかに、イエスの活動は「聖書のみ」では語り尽くせないものだと書かれている。「ヨハネによる福音書」は、すべてを書こうとしたら、全世界であってもそれが書かれた書物を収めきれないほどまでに豊かな活動をイエスはしたという記述で終わっている。ここは非常に面白いところです。

聖書とコーランは異なるもの

山本 先ほどの話と結びつけるのならば、「イエスの行われたこと」「イエスの言ったこと」、つまり〝大文字の言葉〟であるイエス・キリストと、聖書のひとつひとつの言葉である〝小文字の言葉〟との関係性です。つまり、聖書のひとつひとつの言葉をいくら集めても表現しきれないほど、大文字のロゴスであるイエス・キリストは大きな存在であるという。このことの意味は、イスラム教と比較してみると非常に明確になってきます。

キリスト教の聖典が聖書であるように、イスラム教の聖典はコーランですね。しかし聖書とコーランとは、同じ一神教の聖典ではあっても、実はかなり性質が異なるものです。コーランは最初から最後まで神アッラーが一人称で語る形式を持った著作です。だから、コーランは他言語に翻訳すると、コーランではなくコーランの註釈書ということになる。岩波文庫で井筒俊彦訳の『コーラン』という本が出ていますが、この本は、厳密に言えばコーランではなくてコーランの解説書なのですね。神がアラビア語で一字一句語った、その言葉をそのまま記録したのがコーランだというのがイスラム教の立場です。それを翻訳すれば、それはもう神の言葉ではなくなるわけですから、コーランではなくなってしまう。

ところが、キリスト教の場合、聖書を日本語訳で読んだら聖書を読んだことにならないかといえば、そんなことはない。ギリシア語やヘブライ語で読まなければ聖書ではないかといえば、そんなことはないのですね。トマス・アクィナスでさえラテン語訳でしか聖書を読んではいない。これはつまり、聖書は翻訳されてもなお聖書である、ということです。

聖書とは神のことばをそのまま一人称で記したものではなく、歴史のなかで神のはたらきかけを受けた人間が、神についてあれこれ考えをめぐらせて書いたものなのです。

神の人類に対するはたらきかけを人間が書いた書物が聖書なのです。ですから、聖書とコーランとは、キリスト教とイスラム教でけっして同じ位置にあるものではない。イスラム教でコーランにあたるものがキリスト教では何なのか、といえば、それは聖書ではなく、キリストなのです。イスラム教においてコーランが神の言葉そのものなのだとすれば、キリスト教における神の言葉そのものとはイエス・キリストの存在そのものだからです。

しかしだからといって、「二千年前にこの世に現れたイエス・キリストが神の言葉である」と言われるだけでは取りつく島もないので、我々は聖書を手がかりにイエスの存在とはどういうものなのかを探っていかざるをえない。〝小文字の言葉〟の集積である聖書と、〝大文字の言葉〟そのものであるイエスの関係を見失わないことが、キリスト教を理解するうえではきわめて大事なことなのです。

聖書を読むときには、聖書の言葉ひとつひとつが、神の御言葉、ロゴスそのものであるキリストとどういう関係にあるのかを、そのつど考えながら読み進めていく必要がある。内村の聖書をめぐる言葉も、この観点から理解できます。「活けるキリストは聖書よりも大なり」、なぜならば、聖書はキリストという存在を理解するために、人間の言葉で可能なかぎりキリストを表現したものではあるけれども、けっして神の言葉そのものではなく、その意味において自己目的的に重要なものではないからです。〝大文字の言葉〟のほうが〝小文字の言葉〟よりも大なり、とは、内村は意表をつくようなことを言っているように思われて、実はキリスト教神学のまっとうな系譜に属する発言なのではないかと思いますね。

若松　「言葉」をめぐって、もう一つ考えなければならないのは、文字を読めない人のためにも福音はあるのだという問題です。「聖書のみ」と言ったときに、それは文字を読んで理解できることが前提になっています。しかし、世の中に存在するのは文字を読むことのできる人ばかりではない。宗教改革とは近代の出来事ですが、現代に生きる私たちは、言語で世界を理解するようになったけれども、宗教の根源とはそういう能力とは違うところにすらあり、そういう人々にも開かれていることは忘れないでいたい。いまもキリスト教は近代的な知性にどこか依存している、しかしその世界観はもう少し改めていかなければならないのではないでしょうか。

第四章 歴史

旧約聖書をどう読むか

山本　世界の三大一神教とはご存知のとおり、ユダヤ教、キリスト教、イスラム教です。三大一神教には三大聖典がある。それぞれに神の啓示に基づいた聖典があるという共通点があります。ユダヤ教の聖典は旧約聖書、キリスト教の聖典は旧約聖書＋新約聖書、イスラム教の聖典はクルアーン、つまりコーランです。

しかし、おさえておくべきは、この旧約聖書というのは新約聖書があるから出てくる名前だということです。〝約〟とは神と人間との契約という意味なのですが、イエス・キリストを通じて神と人間との間に新しい契約が打ち立てられたと考える。そのことについて述べられているのが新約聖書というわけです。そして、その新しい契約という観点から振り返ると、モーセによって神と結ばれた契約は古いものとなった。では、古くなったから無意味かというとそうではなく、最終決定的ではないがかけがえのない意義のあるものとして維持されるということになる。これが旧約聖書にあたるものですが、ユダヤ教はそもそも「新約」というものを認めないわけですから、聖書のことは「旧約」とは言わずにタナッハという呼び方をします。

ユダヤ教では、旧約聖書をトーラー（Torah）、ネヴィイーム（Nevi'im）、ケトゥヴィーム（Ketuvim）という三つの部分に分けて、その頭文字TNKに母音を重ねて、タナッハと呼ぶのです。トーラーは神の律法、ネヴィイームは預言者、そしてケトゥヴィームは諸々の書物（諸書）を意味しています。

つまり「旧約聖書」とはあくまでキリスト教の側から見た呼称であり、「旧約聖書」と「タナッハ」は実質的には同じものを指すという関係にあるのですね。

若松　キリスト教とは何かを考えるときに、旧約聖書をどう読むかという問題があります。新約聖書にはある程度のなじみやすさがあるのと比べて、どうしても旧約聖書は縁遠く感じられる。聖書を自由に読んでいいと言われると、新約聖書に手が伸びる、というのが多くの人の反応だと思います。そんな私が旧約聖書は本当に興味深いと感じるようになったのは井筒俊彦、そして内村鑑三との出会いによるものです。内村は聖書というものを次のように語っています。

聖書は文庫ではない。一巻の書である。ゆえにその大意を知ることができる。聖書は人の救拯《すくい》に関わる神の企図《くわだて》を記したる書である。創世記をもって始まり黙示録をもって終る。旧約新約の別ありといえども二巻の書にあらずして一巻の書である。

（「聖書の大意」『内村鑑三全集』第二四巻所収、岩波書店、三五六頁）

旧約と新約をまとめて一巻の書と考える見方は、キリスト教界ではオーソドックスな考え方ではありません。旧約と新約は別個の書物で、前者は後者の道しるべのようなものとして読む、というのが通常だと思います。しかし内村はあくまで、これらを一巻の書物として読む。内村のこの認識はじつに独創的です。近代以降、旧約聖書に比して新約聖書をあまりに優位にしたために見失った巨視的な視点を蘇らせた。

イエス・キリスト以降、預言者はいないと考えるのがキリスト教の通常の立場です。イエスの出現が世界を完成させたから、というわけですね。預言者はイエスが生まれるまでの時期に神のコトバを世に伝える役割を担っていた。イスラーム世界にムハンマドという預言者が出てきたことが、キリスト教世界とのあいだに起きる軋轢の大きな原因になる。イスラームではイエスは預言者として重んじ、その母マリアにも特別な地位を与える。しかし、イエスはあくまでも人間だという立場です。

一方、無教会のひとびとにとって、イエスは神であり、同時に人間です。そして彼らは旧約時代からの預言者の伝統を継承している。これはカトリック、プロテスタントと大きく異なる点です。「預言者的」という言葉を比喩的に用いることはあっても、実在する者として預言者を考えることはカトリック、プロテスタントでは通常ありません。無教会においては新約聖書を理解する参考のために旧約聖書を読むのではありません。途絶えることのない歴史のうねりを我がこととして認識するために読むのです。

ところで先日、函館にあるトラピスチヌ修道院を訪れてきました。この修道院は観想修道会のうちのひとつで、私たち俗人とはまったく違う生活をしている女子修道院です。夜七時四十五分に消灯、朝は三時半に起きて三時五十分からお祈りを始める。そこに三日間滞在させてもらったのですが、祈りの現場でシスターたちとは顔を合わせることもありません。その修道院に入ったシスターたちは、親族が危篤になるか、自分の体調が大きく崩れるような場合以外、その場から出ることなく、ただただ祈りに身を捧げています。ある地位にある人たちは必要にせまられて社会との接点のある活動をする場合もありますが、普通のシスターたちの日々は、祈りと、労働だけです。

それで彼女たちが祈りのつど読むのが旧約聖書の「詩篇」です。「詩篇」には、現代人である私たちの心の琴線に深くふれる箇所が実にたくさんある。カトリックの祈禱書に従って読むので、旧約聖書を読む行為は格別珍しいことではありません。とても新鮮だったのは、それを少なくない人数で同時に読み上げるときに響き渡る律動です。そこでは、生ける旧約聖書がまざまざと感じられました。

現代人は新約と旧約を簡単に分けてしまうわけですけれども、祈りの形態のなかにこそ、旧約というものはいきいきと生きているのかもしれません。逆に祈りが失われたことと、旧約聖書が読まれないことも関係しているのかもしれない。旧約聖書をどういう態度で読んでいくかということが、現代のキリスト教が直面している大きな問題の一つなのだと思います。

新約聖書に旧約聖書を読む鍵がある

山本　井上神父は、旧約聖書があまり好きではないと言っていました。でも、私は旧約聖書がとても好きですし、重要だと思っています。イエスが十字架にかかる前に逮捕される場面を描いた「ヨハネによる福音書」の第一八章（第一～一一節）を読んでみましょう。

1こう話し終えると、イエスは弟子たちと一緒に、キドロンの谷の向こうへ出て行
かれた。そこには園があり、イエスは弟子たちとその中に入られた。2イエスを裏切
ろうとしていたユダも、その場所を知っていた。イエスは、弟子たちと共に度々こ
こに集まっておられたからである。3それでユダは、一隊の兵士と、祭司長たちやフ
ァリサイ派の人々の遣わした下役たちを引き連れて、そこにやって来た。松明《たいまつ》やと
もし火や武器を手にしていた。4イエスは御自分の身に起こることを何もかも知って
おられ、進み出て、「だれを捜しているのか」と言われた。5彼らが「ナザレのイエ
スだ」と答えると、イエスは「わたしである」と言われた。イエスを裏切ろうとし
ていたユダも彼らと一緒にいた。6イエスが「わたしである」と言われたとき、彼ら
は後ずさりして、地に倒れた。7そこで、イエスが「だれを捜しているのか」と重ね

てお尋ねになると、彼らは「ナザレのイエスだ」と言った。[8]するとイエスは言われた。『『わたしである』と言ったではないか。わたしを捜しているのなら、この人々は去らせなさい。』[9]それは、「あなたが与えてくださった人を、わたしは一人も失いませんでした」と言われたイエスの言葉が実現するためであった。[10]シモン・ペトロは剣を持っていたので、それを抜いて大祭司の手下に打ってかかり、その右の耳を切り落とした。手下の名はマルコスであった。[11]イエスはペトロに言われた。「剣をさやに納めなさい。父がお与えになった杯は、飲むべきではないか。」

聖書を読むときには、なにか違和感を覚えたり、この箇所は奇妙だなと思うところにこだわることがきわめて重要だと思います。引用した「ヨハネによる福音書」のこの箇所はとても有名な一節ですが、ここにもまた明らかに奇妙なところがあると思われることでしょう。五節を見てください、彼らがナザレのイエスを捜しにきたのだと答えると、イエスが「わたしである」と答えるのですね。そして次の六節、イエスが「わたしである」と言われたとき、彼らは後ずさりして地に倒れた、というのです。徒党を組んで武器を持ってイエスを捕まえに来た人たちが、イエスは誰だと聞いて、イエスが「わたしである」と答えると、なぜ地に倒れるのか？　……非常に変ですよね。

ここは日本語で読むとわかりにくいのですが、ギリシア語に立ち返って考えてみると、そして旧約聖書の知識があれば深く納得される部分なのです。ギリシア語では、「わたしてある」という部分は ego eimi と書かれています。これは英語で言うと I am の意味です。そして、この I am は、じつは「出エジプト記」第三章第一四節に出てくる「わたしはあるという者だ」という一節と関係しているのです。英語的に表記すれば I am that I am という部分ですね。「わたしは「わたしはある」という者である」、つまり、神の名前は「I am」ということになるわけです。

日本語であれば「私である」と「私はある」とは助詞が異なるので区別がつくわけですが、英語やギリシア語などのインド＝ヨーロッパ系の言語では、表記はともに I am で同じになる。だからイエスの言葉、I am はダブルミーニングになっているのです。お前たちが探しているナザレのイエスとは私だよ、という意味と同時に、私は神なのだ、「出エジプト記」で語られている「わたしはあるという者だ」という神の名前を語る者なのだ、という宣言なのです。つまり、イエスはここで自分の神としての性質を開示している。だからこそ、神としての力に圧倒されてイエスを探しにきた人たちは倒れてしまうという物語だとわかるのです。

だからこの物語を読もうとすると、旧約聖書の「出エジプト記」で語られている神の名前にまつわるこの前提を知らないと、充分に読み解けないのです。つまり旧約聖書の少なくとも重要な部分を理解していることが、新約聖書を的確に読み解くための前提になるのですね。また逆に、キリスト教的な立場からすると、新約聖書にこそ旧約聖書を読み解くための鍵がある、とも言えるのです。

このことはいろんな側面から言うことが可能ですが、たとえば、旧約聖書のいちばん冒頭に置かれている「創世記」において、神が人間をつくるときに、「我々に似せて人間を創ろう」と神は宣言するのです。ここでいう「我々」とはなんなのか。唯一なる神の話が出てくるのが聖書ではないのか？「我々」というように神が複数いるわけはないはずです。でも、「我々に似せて人間を創ろう」と宣言する。

では、これをキリスト教的にどう読むのかといえば、じつは旧約聖書の時点において、すでに神が三位一体であることが暗示されていたのだと読むのですね。「創世記」が書かれた時点ではまだ明らかになっていなかったけれど、新約聖書が書かれた今、キリスト教が成立した今からその時点を振り返ってみると、「創世記」において神が三位一体であるということが暗示されていたのだ、と読む。つまり旧約聖書の書かれた時点において、父と子と聖霊という複数のものがあることがすでに暗示されていたのだというわけです。キリスト教が成立した時点から立ち戻ってみると、旧約聖書の真意が初めてわかってくるのだと。

しかしそれは非常に神学的色彩が強い読み方で、実証的に聖書を読むような態度の人は、このような読み方は認めず、「我々」とは神的一人称だと考えています。コーランにも似たような複数形の言い方が出てきます。ヘブライ語やアラビア語などセム系の言語の用法においては、神が単数であるにもかかわらず複数形で語るのだ、と文法学的な文脈において語られます。文法用語で「神的一人称」と言います。でもキリスト教神学の流れにおいては、いやすでに旧約聖書の時点で三位一体としての神の在り方が暗示されていたのだと読み込んでいくような読み方も古代以来あるのです。

このように、新約聖書に基づいてはじめて旧約聖書の真意が読み取れる、そして逆に旧約聖書に基づいて新約聖書の真意が読み取れる、という視点。あるいは双方を往還させることで、双方への理解が深まっていくのだという発想なのですね。これは古代からの新約と旧約についての理解と言えると思います。

新約聖書優位の理由は何か

若松　とはいえ、旧約と新約を分けたとすると、キリスト教においては、その重要性において新約優位の状態があるわけですが、その根拠を説明するとしたらどう語ったらよいでしょうか。
山本　旧約聖書においては最終決定的な啓示がなされていないから、ということになると思います。神が人になった、イエス・キリストとは神が最終的に決定的な仕方でメッセージを伝えにきた存在なのだ、と新約聖書においては書かれている。旧約聖書においてはそういうものが来ると明確に読み取れるようなやり方では必ずしも書かれていない。ただ、イエス・キリストがそういう存在として活動したことを踏まえたうえで振り返ると、旧約聖書のなかにやはりそれを暗示するさまざまなメッセージを読み取っていくことができるわけですね。

たとえば旧約聖書「イザヤ書」第七章第一四節の有名な言葉、「見よ、おとめが身ごもって、男の子を産み／その名をインマヌエルと呼ぶ」。ここには、ほら、見てごらん、旧約聖書のなかにすでにおとめ（マリア）が子どもを生むということが出てくるではないかと言うわけです。あるいは、同じく「イザヤ書」に出てくる、我々の苦しみをかわりに背負ってくれた存在である〝苦しむ僕《しもべ》〟。これもまたイエスのことを暗示していたのだ、と。つまりいまだ決定的ではないけれど、やはりイエスの姿を暗示していたよねと読み取れるものがある。

だから旧約聖書のなかだけで最終決定的なメッセージが語られることはないけれども、旧約聖書があることによって、新約聖書で語られていることは実は昔から暗示されていたのだ、という仕方で確証されるのだということです。その意味においてとても重要だけれども、いちばん決定的なことは旧約聖書に書かれているわけではないという理解ですよね。

若松　旧約と新約の問題を考えるときに、見過ごせないものとしてカトリックにおいてはミサがあります。ミサでは旧約、新約双方を朗読する。祭儀においては一貫性を持って生きているものが、人間の理知の上ではいつからか分かれてきた。

歴史の立場からしてみると、そもそも歴史自体に断続性はない。むしろ近代人の知性が、歴史を見るときにある目盛りをもちこんでいるに過ぎません。現代とは一なる歴史を見失った時代だとも言えると思うのです。キリスト教の真髄を考えるには、永遠の時間と不可分な歴史というものを取り戻していく必要があるのではないでしょうか。

山本　歴史を考えるのに、やはり旧約聖書というものはとても大切だと思います。新約聖書と旧約聖書とは、時代は違うかもしれないけれども同じような性質の二つのものなのだ、と思いがちですが、そうではない。新約聖書と旧約聖書が一冊になっている聖書を見てみればわかるとおり、新約聖書は聖書の七割から八割が終わったかというところからようやく始まる。つまり、聖書の大半は旧約聖書なのです。

それは分量の問題だけではなくて、歴史的な問題としてもそうです。旧約聖書が扱っている時代というのは数千年にわたる。それに対して、新約聖書は、扱っている時間がとても短い。たとえば福音書というものは、主に、一〜三年の長さのことが書かれている。福音書とはイエスの伝記ではないのですね。イエスが三十歳になるくらいまでのことはほとんど触れられない。大半はその後の活動について書かれているものです。さらにイエスの死後の弟子たちの活動について書かれた「使徒言行録」を見ても、その時間的なスパンはせいぜい数十年。対して、旧約聖書には、アッシリアやエジプトといった古代のさまざまな帝国の相互関係のなかでユダヤ人たちがどのように苦難を生きてきたのかという歴史が数千年の時間軸で書かれている。空間的にも時間的にも非常に広がりのある文書群である旧約聖書に対して、新約聖書は非常に短い時間のなかの、イスラエルのごく限られた空間のなかで書かれているのです。

つまり、新約聖書と旧約聖書はそもそも、本の性質としてものすごく異なるものなのです。新約聖書だけを読むと、聖書の宗教というものは非常に社会的、歴史的な広がりのない、キリストの復活を信じるかどうかという心の内面の話に矮小化されてしまう可能性がある。しかし旧約聖書をあわせて読み込むことで、聖書の物語が空間的歴史的に広がりのある物語なのだということが実感されるはずなのです。聖書は本来、人間に対する神のさまざまなはたらきかけの出来事を、さらにその出来事のひとつひとつによって歴史がダイナミックに動いていくさまを描いている。しかし、新約聖書をある種のやり方で読んでしまうと、神を信じるか否かという話に矮小化されてしまうおそれがあるのです。

その意味において、旧約聖書の歴史的空間的にダイナミックな世界像のなかにイエスの出来事を決定的な仕方で位置づける視点を持つことは、キリスト教をバランスよく理解するために非常に大切だと思います。

若松　旧約聖書には、神から人間へという働きかけの方向がとてもとても強くありますよね。ですが、現代においては、神から人間へという働きかけから、人間から神へという働きかけという方向への転換がとても強くあるのだと思います。人間と神とを比べると圧倒的に神のほうが大きいわけです。だから神の働きかけを見過ごしてしまうと、キリスト教そのものを矮小化してしまうことになりかねない。宗教が神から与えられた何かではなくて、人間が作ったものという方向に矮小化される危険から逃れるためには、やはり旧約とのつながりを取り戻すことがとても重要だなと思います。宗教を体験してみることと、歴史を認識することとは不可分なはずです。

少し話が飛躍するように感じられるかもしれませんが、歴史と真に対峙しようとするとき、ひとりであるということがとても重要なのではないかと考えているのです。ここで対置される態度があるとすれば、それは集団的に理解される歴史観というものです。しかし、キリスト教における生きる歴史というものに向き合うためには、こういう誰かに定められた歴史観をもって生きるのではなく、ひとり、歴史と向き合ってみなければならない。「歴史」を経験することと、ある「歴史観」で時代を眺めることは違います。キリスト教の歴史は正統と異端の相克です。新しい時代を作ってきた者たちは、一度ならず異端視された。古くはパウロ、トマス、アッシジのフランチェスコもある人々から見れば異端者です。もちろん、ルターやカルヴァンにも同質のことがいえます。

祈りという問題

若松　歴史を体験するうえでは、祈りもとても重要な現場です。祈りもまた私たちに本質的に一人であることを求めてきます。祈りとは、一人のとき——一人で神と向き合うとき——を生み出すことだともいえる。

祈りとは、われわれが沈黙するところから始まるものです。祈りとは、静寂を招き入れ、神の声を聞くことです。もちろん、具体的な営為としての祈りは、まず祈禱《きとう》の言葉を唱えることにあります。カトリックの場合は定型の祈りを重んじます。「天にまします我らの父よ、願わくは御名の尊まれんことを、御国の来たらんことを……」、今は、文言が変わっていますが、私のからだにはこの言葉が染みついていて離れない。決まった祈りを日々唱えることは、仏教の表現を借りればマントラ的でもあるかもしれません。ロザリオの祈りはその典型です。決まった文句を唱えつづけることで内面が浄化され、均衡を取り戻す。そして神の声を聞ける余白は開かれてくる。

　ここで、なぜ祈りを問題とするかというと、祈りとは必ずしも入信を条件としないと思うからです。祈りとは入信せずともできる、人間に本性的な衝動的なものでもあります。それこそ万人に開かれた宗教的な出来事であるといえると思うのです。

　[1]人々の前で自分の善い行いを見せびらかさないように気をつけなさい。さもないと、天におられるあなた方の父のもとで、報いを受けることはできない。〔中略〕[3]あなたが施しをする時には、右の手のすることを左の手に知らせてはならない。[4]これは、あなたの施しを隠しておくためである。そうすれば、隠れたことをご覧になるあなたの父が報いてくださる。（「マタイによる福音書」第六章第一―四節）

祈るなら、わざとらしく人前でしてはならない。大切なのは孤独であるということ、ひとりで行うことだというのでしょう。もう一つ、新約聖書には祈りの場をめぐって描かれた印象的な場面があります。それは有名な、イエスがただ一度「暴力」をふるうシーンでもあります。

〔イエスは〕[16]鳩を売る者たちに仰せになった、「これらの物はここから運び出せ。わたしの父の家を商売の家にしてはならない」。[17]弟子たちは、「あなたの家を思う熱意が、わたしを食い尽くす」と書き記されているのを思い出した。[18]すると、ユダヤ人たちはイエスに向かって言った、「こんなことをするからには、どんな徴《しるし》をわたしたちに見せてくれるのか」。[19]イエスは答えて仰せになった、「この神殿を壊してみよ。わたしは三日で建て直してみせよう」。（「ヨハネによる福音書」第二章第一六―一九節）

ここでいう神殿とは、もちろん建造物としての神殿とも理解できます。しかし内なる神殿というものも私たちの心の中にはある。人はそこにさまざまなものを持ち込む。あるときはそれで神と取引をしようとする。イエスはそうしたことを強く戒めるのです。魂の神殿を空にせよ、というのです。先に見たヴェーユの言葉も思い出されます。須賀敦子にも同質の言葉があります。彼女もヴェーユをよく読んでいました。「シエナの聖女　聖カタリナ伝」と題する一文に彼女は次のように書いています。

人は云うだろう。私たちは、修道院にいるのではない。家庭にあって、職場にあって、どうして、修道者の理想の探求にのみ時を費すことができるだろう、と。

シエナの聖女の周囲には、これとおなじ種類の質問をもった人々がつめかけていた。そこには家庭の主婦がいた。町の弁護士がいた。染物屋のおかみさんがいた。カタリナはこの人々にむかって云った。霊魂の中に秘密の小部屋をつくりなさい。小部屋の準備がととのったなら、そこに入って、おはじめなさい。自己の探求を、ひいては、神の探求を。（『須賀敦子全集』第八巻所収、河出文庫、二〇一一頁）

シエナの聖カタリナ（一三四七～一三八〇）とはシスターではなく市井の人ですが、預言的な力をもっていたことから時代に大きな影響力をもち、時の教皇すら頭を下げて指示を仰いだという人物です。須賀敦子はこの人を深く敬愛していた。彼女の周囲にはシスターになった人たちがたくさんいたのですけれども、彼女自身はその道を歩まずに在野で生きていった。そんな須賀にとって、俗にしてなお聖なる道を歩むことが可能なのだということを示してくれた存在が聖カタリナだったのです。霊魂のなかの秘密の小部屋を作る。ここに祈りの本質があるのだと思います。

もうひとつ大事なのは、家庭の主婦、町の弁護士、染物屋のおかみさん……いろんな人に向かって開かれていくのがまさにこの場所だということです。つまり言葉の読めない人にも、神の大いなる神秘は開かれていることを須賀敦子が見過ごさなかった点にも注目したいです。

自己の探求が神の探求につながる

山本 シエナのカタリナに並ぶ女性の偉大な霊的著作家として、アビラの聖テレサ（一五一五〜一五八二）がいます。テレサは『霊魂の城』という著作を残していて、そのなかには「自己の探求を通じて神の探求を」という考え方が表現されています。城のなかに様々な部屋があるように、人間の霊魂のなかにも様々な部屋があり、それらの部屋を巡るなかで、人間は次第に神へと近づいていく、と考えるわけです。須賀さんが紹介しているカタリナの発想には、テレサのこの発想にとても近いものがあります。自己の探求と神の探求は異なるものではなく、不可分の行為なのだということです。

また、アウグスティヌスが若いときに書いた『ソリロキア』という書物のなかには、「神と魂を知りたいと熱望しています。〔中略〕〔それ以外には知りたいものは〕まったくありません」（『アウグスティヌス著作集』第一巻所収、清水正照訳、教文館、三三九頁）という有名な一節があります。自分が知りたいのは神のことと自分の魂のことなのだということですね。それは別々ではないのです。自分の精神に直面することによってはじめて、自己を超えた神へと心を向けることができる。神を探求するとは、宇宙の彼方にいる神を自分とはまったく別の存在としてとらえることではない。むしろ真に自己に直面することで自分の奥底に神を探求する通路が開かれるのだと言う。つまり、自己の探求と神の探求というのはひとつながりなのです。ここは個として立つことではじめて歴史が見えてくる、という先ほどの若松さんの話ともつながってきますね。

キリスト教における歴史とは、単に実証的な、〇〇年に誰それが△をしました、といった出来事のひとつひとつではないのです。キリスト教には「救済」という観点から歴史を考える「救済史」という立場があります。それは、いろんな苦難に取り囲まれているいまの自己があるとして、その苦難への立ち向かい方をあれこれ模索していくなかで、ふと旧約聖書の一つの物語が立ちあがってくる、というあり方での歴史のとらえ方です。たとえば、「出エジプト記」は、ユダヤ人たちがエジプトで苦しい目にあっていたんだけれども、そのなかでモーセに導かれ、その先でもなお多くの苦難にあいながらも、神が救ってくださったという物語ですね。この大きな物語を傍らに、神の導きを信じてなんとか目の前にある苦難を克服していこうと考えるような自己のあり方が可能になる。まさに、自分の直面する苦難と、歴史が浮かび上がってくることとはひとつながりというわけです。

神が歴史のなかで起こしたとされるさまざまな過去の出来事と自分の今の状況というものが別々ではなくて、つながりをもって浮かび上がってくる。神が起こした過去の出来事を今に浮かび上がらせるためには、いま自分が直面している困難に、ふさわしい仕方で直面することが前提になる、とも言えるわけです。

若松　神の裁きと苦難とを描いた有名な「ヨブ記」においては高潔な人物であるヨブの試練が描かれますね。読む人は、なぜこんなにも敬虔な人間が、こんなにも多々の苦難にあわされるのかという問いに直面します。

ヨブに訪れる苦難については、じつにさまざまな読み解きがなされてきました。文学に与えた影響も大きい。深層心理学者のユングにもヨブ論はありますし、内村にも「ヨブ記」をめぐる講演があります。私たちは、こうしたさまざまな論考を読むだけでなく、ヨブは私だ、神の御手から追放されたのは私なのだというふうに、共時的な出来事として読むこともできます。時間の流れを超えて、いまの出来事としての言葉になり得る。つまり、それは歴史的年表のなかに書くことはできない何かと遭遇することでもあるわけです。

遠藤周作の言葉を借りれば、「事実」と「真実」とは異なるものです。宗教が指し示そうとする真実とは、年表の中にある事実とはまた別の流れにある。別の言い方をすれば、宗教を死物化させずに宗教を生きるためには、やはり歴史の中に足を踏み入れてみることが不可欠なのだと思います。鈴木大拙（一八七〇〜一九六六）は、世界は感性的世界と霊性的世界の大きく二層からなると言います。後者が前者を包むと大拙は考えている。事実は感性的世界の事象です。真実は霊性的世界に属する。しかし、私たちは霊性だけで生きているわけではない。霊性の光を受けて、日常生活の実相、すなわち感性的世界の奥行を感じなくてはならないのだと思います。

ところで、少し余談になりますが、事実と真実の問題になると想い出される出来事があるのです。あるとき、電車の中で聖書を読んでいたら、おじいさんにいきなり腕をつかまれたのです。「ちょっとお聞きしたいことがある」とこの老人は言うのです。定年で会社をやめてキリスト教を勉強しているのだけれど、との前置きがあって、老人は真剣なまなざしでカトリックはいまでも免罪符をまいているんですか、と尋ねるのです。電車の中で見ず知らずの若者にすがりつくように問いかける求道心はすごいものです。彼は一生懸命歴史の本を読んだのでしょう。確かに聖書に○○年に免罪符をまくのをやめた、と書いてあるわけではないから、そういう疑問を抱いても不思議ではないかもしれない。もちろん、今はそのようなことはありませんと答えましたが、この出来事にはどこか宗教をめぐる知的理解の限界があるように思うのです。それは祈りの経験を「祈りについて」という概説書で理解しようとするのに似ているようにも思います。

アウグスティヌス『神の国』に書かれる歴史の秩序

山本　私のように神学を勉強している人であれば、この流れで必ず出してくる一節があると思います。それはアウグスティヌスの『神の国』からの一節です。思想史のなかで、『神の国』は、はじめて歴史哲学を体系化した書物としてとらえられています。古代ギリシアには歴史の本はありますが、歴史哲学の本はなかった。なぜなら歴史には真理のあらわれがない、普遍性がないととらえられていたからですね。しかし、キリスト教が成立して、アウグスティヌスにいたってはじめて歴史を哲学的にとらえる観点が成立した。それが『神の国』です。そのなかでもっとも有名な箇所です。

それゆえ、二つの愛が二つの国を造ったのである。すなわち、神を軽蔑するに至る自己愛が地的な国を造り、他方、自分を軽蔑するに至る神への愛が天的な国を造ったのである。要するに、前者は自分を誇り、後者は主を誇る。なぜなら、前者は人間からの栄光を求めるが、後者にとっては神が良心の証人であり最大の栄光だからである。前者は自分を栄光としてそのこうべを高くし、後者は神に向かって「わたしの栄光よ、わたしのこうべを高くするかたよ」(「詩篇」第三篇第四節)と言う。前者においてはその君主たちにせよ、それに服従する諸国民にせよ、支配欲によって支配されるが、後者においては人々は互いに愛において仕え、統治者は命令を下し、被統治者はそれを守る。前者は自分の権能の中にある自分の力を愛するが、後者はその神に向かって、「わが力なる主よ、わたしはあなたを愛そう」(「詩篇」第一八篇第二節)と言う。(『神の国　下』第一四巻第二八章、泉治典訳、教文館、七二頁)

アウグスティヌスは、地の国と神の国との争いという観点から歴史の秩序をとらえようとします。聖書のさまざまな物語からアウグスティヌスが生きた古代ローマ帝国の歴史にいたるまで、自己愛中心の地の国と神への愛中心の神の国との争い、という観点から歴史を捉えようとする。この歴史観は以後、キリスト教世界にとても大きな影響を与えました。

地の国はローマ帝国に代表され、神の国はキリスト教の教会に代表されると多くの解説書には書かれています。しかし、これは間違いではないけれども非常に一面的な捉え方にすぎません。アウグスティヌスの原典を読んでみると、もっと微妙で複雑な二つの世界の関わりを書いているのです。

地の国と神の国、そのどちらに属しているのかは自分でもはっきりとはわからない、世の終わりになってはじめて、自分がどちらに属していたのかがわかるのだというわけです。つまり、誰にも歴史というものを見通すことはできない。誰が正しく、誰が間違っていたなど簡単には判断できない、善悪が入り混じった仕方で世界は存在するのだし、そういう世界のなかに我々は生きているのだ、そのようなことを語ろうとしたのだと読めるのです。

若松　アウグスティヌスの本を読んでいくと、そこには、地の国と神の国が入り混じって現存している、それゆえに人は常に眼を覚ましていなければならないというドラマが描かれていると思うのです。地の国の歴史、神の国の歴史がある、しかし人間は地の国の歴史に事象を還元する嫌いがあるのだから、常に本来あるべき多層的な秩序をどう取り戻していくのかを考えなければならない。

この箇所を読んでいつも思い出すのは、吉満義彦のことです。吉満が第二次世界大戦について書いている文章の中で、この戦争というもの——日本のこの戦争とは絶対に言わない——のなかで、人が真に向かいあうべきは、人と人との戦いよりもむしろ悪霊との闘いなのだと言うのですね。どちらの戦争が正しいかなどという浅薄な理解ではなくて、人を争わせようとする何かと人間は戦っていかなければならないのだという考えは、内村の中にもはっきりとありました。内村は、戦争は正しいと賛美したアメリカのキリスト教に失望した。それが内村の非戦論の原点です。その意味でも歴史をどう認識していくのかはとても大切だと思います。自国の歴史観のみを正しいと主張することは、形をかえた地の国の偏重ですね。それは現在の世界でもあちらこちらで起きている。地の国の偏った言動には警戒が必要です。そこには生者ばかりで死者や天使も不在なのです。むしろ、死者を利用する生者が跋扈《ばっこ》している。

日本人とキリスト教

若松　ところでもうひとつ、日本人にとってキリスト教がどういう意味をもつのかという大切な問題を考えてみたいと思います。キリスト教は日本人にほんとうに根付き得るのか、これは井上神父の布教者としての根本問題だった。

山本　それはとても大きい問題です。この問題を考えるときに思うのは、日本とキリスト教の関係は、まだ始まったばかりだということですね。昨年（二〇一七年）がちょうど宗教改革五百周年にあたる年でした。一般的には五百年というスパンはずいぶん長いと思われるかもしれませんが、キリスト教の歴史二千年のなかにおいては、まだまだ短い時間。プロテスタンティズムが生まれてからまだ五百年なのです。宗教の歴史を考えるのに、百年単位では足りない、千年単位でとらえなければわからないところが大きいと思います。

たとえば、アウグスティヌスが若いときに入っていたマニ教は、四世紀当時、ローマ帝国全域へと広がりつつあり、後の時代には、ユーラシア大陸の全体へと影響力を及ぼしていきました。ゾロアスター教やキリスト教や仏教などの諸宗教の教えを統合するようなところもあった、かなり広範囲にわたって影響力を持った宗教だったのです。しかし、いまやほとんど見る影もない。何百年単位では影響力を持ったとしても、千年単位では消えてしまうということが、他の例を見ても宗教には多数あるのです。

では日本とキリスト教の関係はどうかというと、日本にキリスト教が伝来してからまだ五百年もたっていないわけです。そのあいだ、キリスト教が弾圧された禁教の時間もかなりあるわけですから、日本人がキリスト教と本格的に接しているのは、まだせいぜい二百年ばかりだと言える。そういう意味では日本的なものとキリスト教との関係の模索はまだまだ始まったばかりだと思うのですね。

たとえば遠藤周作さんは、日本人にあわせてキリスト教を理解しなおすような仕事を多くされました。たしかに、日本人にキリスト教をひきよせて理解する姿勢も大事だと思いますが、それだけではなくて、これから必要なのは、日本人だからこそ見出せるキリスト教の新たな側面を積極的に打ち出して行く姿勢だと思います。それは単にキリスト教を日本人に理解しやすいものにするということではない。日本人ならではの発想に基づいて理解されたキリスト教というものがあり、それが逆に海外の人にとっても何か新たな、積極的な意味を持ってくる可能性は十分に考えうると思うのです。もともとキリスト教とは関係のなかったアリストテレスを介して、キリスト教に新たな理解の局面が開かれたような、新たなプリズムによって照らされるものを考えうるのではないか、と。

若松　内村鑑三は、おそらくその可能性を強く意識していました。内村は、宣教師からキリスト教を輸入するだけではなく、キリスト教を日本人が再受容した後に、世界に輸出していかなければならないと考えていました。無教会派運動とは、そういう使命をもった共同体なのだという思いを強く抱いていた。だからこそ内村は『代表的日本人』をはじめ、英語の著作を積極的に書いていったのですね。鈴木大拙もそうです。仏教はもっと世界に寄与しなければならない、日本人が受容した仏教が世界に寄与しなければならない、それが大拙の悲願だったと思うのです。

日本は長らく、外から与えられた新しいものを受容するだけで精一杯だったけれども、岡倉天心的に言うならば、東洋の中にある私たちだからこそ見えてくる、キリスト教の新しい視座が存在する。それが現代の新たな混迷の中に新しい光をもたらすことができるかもしれない――その可能性を考えてみたいのです。

日本のカトリック教会はよくローマよりもローマ的、つまりあまりに権威に従順だと揶揄されることがあります。これは半分冗談であり、半分本当でもある。この地平を創造的に突破したい。ドストエフスキーは実際に、新しい視座を外に出していくことで、ロシアのキリスト教がヨーロッパを蘇らせることができると信じていた。そこまで激しくなくとも、似た発想、思いは日本の吉満義彦などにもありました。それは結局、彼の早逝のため、果たされないままになってしまう。日本のキリスト教をめぐって吉満は次のような言葉も残しています。

> われわれは純粋に日本人であって同時にカトリック者たり得るのであり、否な純粋に真正日本人たることの内にカトリック者たらねばならない。カトリシズムはそが神のものであればあるほどわれわれ自らのものであり、決して西欧人のものとしてわれわれに対するものではない。日本的リズムの内に日本的個性の内に、日本的文化の善なるもの美なるものを超自然的永遠的価値へ高揚せんことにこそ日本におけるカトリシズムの固有の使命はあるのである。（「カトリック的宗教復興の現象と

理念」、『吉満義彦全集』第一巻所収、講談社、二九六頁）

この一節を読むと、吉満は日本について何も考えなかったのではなく、むしろ日本におけるキリスト教の特殊な役割というものを考えていたことが、深く納得されます。今日の文脈においては、〝日本的〟という言葉の意味がどうしても貧しく、狭くしか使えなくなっている。

吉満を引くまでもなく、カトリックとはそもそも普遍という意味ですね。吉満にとって日本的であるということは普遍にむかって開かれていくことだった。日本的であるとは、他の国々に比べて秀でているというような偏狭な、狭隘な世界に導くものではなく、私たちが私たち自身であることによって、より普遍に開かれていく、あるいは自分と異なるものと結びつくことが可能になるのだ――それが吉満の主張だと思うのです。彼は一九四五年に四十一歳で亡くなりました。先にも述べましたが、彼は文学とも大変交わりの深い、詩人哲学者と言うべき人でした。彼がなしえなかったことを、企図していたことの一部でも引き継ぐことができればいいと思っています。

ところで、山本さんは哲学の現場に身を置かれて、海外のキリスト教と日本のキリスト教との関係をどう見ていますか。

山本　私の基本的な立場は、日本のキリスト教は西洋のキリスト教からもっともっと学ぶべきだというものです。というのもキリスト教の基本的な教義が明確に確立するまでには、五百年程度の時間がかかっているからです。正統と異端の勢力の入り乱れる論争のなかで、三位一体論とキリスト論に関する基本的な教えが確立するまでに、およそ五百年もの時間を要した。その歴史的事実を考えると、日本人が日本語でキリスト教を独自に咀嚼していくまでの時間はまだまだ不十分だし、我々がキリスト教を学ぼうとするとき、どうしても日本語だけでは限界があると思うのです。

もちろん、若松さんが言われるように、内村なり吉満なりのテクストがすでにあるにしても、やはりアウグスティヌスやトマス、あるいはルターといった西洋キリスト教の本筋の神学者たちから学ぶ必要のほうがまだまだ強く残されていると思うのですね。ただ、だからといってこちらから発するものがないのかと言えば、そんなことはない。たとえば、私は井上神父の神学について海外で発表したことがあるのですが、大変面白いと多くの好意的な反応をもらいましたし、遠藤さんのキリスト教に関する本は、英語で広く読まれている。とはいえ、日本発の神学や霊性として広く認知されるようなまとまった仕事はまだほとんど出ていないというのが現状です。

若松　もちろん異論はありません。その上で私がいま考えているのは、西洋的視座からは見えてこなかった聖書の新たな読みの可能性が、東洋や日本の文化に根ざして考えると、まだまだたくさんあるだろうということです。私は山本さんのように語学がたくさんできるわけではないけれども、たとえば、仏教の歴史をたどってみることで、自分たちの伝統の中にある仏教とある密度で対峙してみることで、キリスト教のある側面が新たに見えてくる可能性はあるのではないかと考えています。仏教の光に照らされたキリスト教の一側面に何かがあるかもしれない。

たしかに、キリスト教、イスラーム、ユダヤ教というように宗教別に分けることでキリスト教の特殊性を考える、それも大事な道で、他の宗教との比較によって見えてくる大事なものもある。しかしその一方で、自分の霊性のなかに眠っている何かと深く対話することによって、キリスト教の、いままでは未読だった言葉の奥にある、もうひとつの見えざる言葉というものが読めてくるのではないかと思うのです。

キリストの復活とは何か

山本　「歴史」というタイトルをつけたからには、語らなければならないことがもうひとつありますね。キリストの復活についてです。『カトリック教会のカテキズム』に次のような一節があります。

キリストの復活の神秘は実際の出来事で、新約聖書に記されているように、歴史的に確認された示現を伴いました。すでに聖パウロが五六年頃、コリントの信徒に書いています。「わたしがあなたがたに伝えたのは、わたしも受けたものです。すなわち、キリストが、聖書に書いてあるとおりわたしたちの罪のために死んだこと、葬られたこと、また、聖書に書いてあるとおり三日目に復活したこと、ケファに現れ、その後十二人に現れたことです」(『コリントの信徒への手紙　一』第一五章第三―四節)。パウロはここで、自らがダマスコへの途上で回心した後に知ったこと、つまり**復活に関する生きた伝承**のことを話しています。(『カトリック教会のカテキズム』日本カトリック司教協議会教理委員会訳、カトリック中央協議会、一九二頁、太字は原文)

神秘とは、単に我々が生きているところを越えた世界にある何かではなくて、神秘がこの世界に出来事として到来する、というのがキリスト教の考えなのですね。キリストの復活とはそういうことなのです。キリストはいまでも私たちの心の中に生きている、という言い方をする人がいますが、それは亡くなった親しい友人がまだ私の心の中に生きている、というようなあり方とは決定的に異なるものであるはずです。キリスト教においては、キリストの復活とは、歴史のなかに実際に起きた出来事である、神が引き起こした出来事なのだと捉えられています。宗教的な出来事へのこうした向き合い方というものは、キリスト教が入ってくるまでは日本人にはなじみがなかったものです。

たとえば、仏教と神道を考えてみた時、宗教を歴史的に捉えるという発想は中心的なものとして存在してはいなかったはずです。それはけっして単に「復活」の有無ということではありません。たとえば仏教において、釈迦が活動した時代には、紀元前五世紀、あるいは六世紀という説もあり、百年ほども解釈に幅がある。つまり、釈迦がいつどういう状況において生きたどんな人物なのかは、決定的に重要なこととは考えられていないのです。しかし、キリスト教においては、イエスなる人間が、ある歴史状況のなかで実際に十字架にかかって死に、そして復活という言葉によって語られる何かがあったのだというその歴史性にこそ、決定的な意味があるのです。そのことに、何よりもキリスト教の特徴があると言えるでしょう。

若松 復活とは何かという問いは、とても大きな問題ですね。歴史という文脈から見てみたとき、復活とはどういう意味を持つと考えられますか。

山本 とても難しいのですが、一つ言えるとしたら、十字架にまで至ったイエスの活動の全体が神によって最終決定的に肯定されたということですね。十字架にかかったことは失敗なのではない、むしろそこに至るまでのキリストの活動の全体が肯定された、成功だということが、「復活」という出来事によって明らかになったと考えることが可能になる。だからこそ、キリストが十字架に架けられたときには一目散に逃げていった弟子たちが、以後殉教に至るまで、キリストのメッセージを伝え続ける存在へと変えられたのだと、深く納得されうる。

つまり、最初は失敗だと思われた「十字架」という出来事が、やはり成功だったのだ、ということがありありとわかる何らかの出来事が弟子たちに起こった――そう考えないと、復活については歴史的に説明がつかないとキリスト教は考えてきた、ということなのだと思います。

若松　復活したイエスはまず、マグダラのマリアの前に現れます。福音書でマリアは決定的な場面において出てくるわけですけれども、男たちはマリアの言葉を信じない。同質なことは今も続いているのではないでしょうか。今日、聖書を読むたびに思うのは、女性の役割についてです。今までの聖書解釈においては、女性の役割というものが充分に読み込まれてはこなかった。だからこそ、これからはもう少し深く女性の役割を読み込んでいく必要がある。

そして、弟子たちが復活を信じきることができなかったところに、キリスト教の原点があることも忘れてはならないと思います。キリスト教は不信という経験を超えていくところに生まれた、と言ってもいい。弟子たちが殉教するに至るまで、どのように変貌していくのか、その魂の変貌の歴史というものは、もう一つのキリスト教の歴史に他なりません。つまり、種子から芽が出て樹木に育っていくような変貌の出来事や過程こそが宗教の歴史であって、この出来事はこういう意味を持つ、といった静的な事実認定に終わることのない、動的な読みがいま、いっそう重要だと思うのです。

山本　聖書において、キリストが女性たちに現れた、と書かれているのは結構重要なことなのですよね。当時のユダヤ世界においては、女性は証言者としての資格を持たなかったのです。もし聖書を書いた人たちが復活を捏造したのだとして、イエスが死んで終わりだったのに復活したという話にしてしまおうと意図したのならば、証言者としての資格を持つ男性を復活に立ち会った人として描く方が説得力があったわけです。にもかかわらず、イエスが女性たちの前に現れたと書かれていることの説明として最も説得力があるのは、実際に女性たちの前に現れたからなのだ、と考えられてきたのです。

若松　男の弟子たちは、いったい誰が一番偉いのかをずっと話し合っていたさなかに、イエスは当時、弱き者、虐げられた者だった女性の前に現れた。でも男たちはその出来事を信ずることができなかった。

これまでのキリスト教の在り方は少し男性的すぎたのではないでしょうか。というのも修道院には連綿たる沈黙の祈りの歴史、それを支えてきた修道女たちの歴史があるわけです。イエスの弟子に女性がいたことは福音書からも明らかです。しかし、それを男性の世界観で塗りつぶしてきたようにすら感じることがある。かつて女性は語ることを封じられていました。その沈黙の声をよみがえらせなくてはならないとも思います。

山本　キリストの復活とは一言で言えば、キリストは単なる人間ではなく神でもあるということが決定的に弟子たちにわかった出来事と言えると思います。単に甦ったとか、息を吹き返したという話ではないわけですね。聖書のなかでキリストを神とみなした人は少なかったという話が既に出ましたが、少ないどころか厳密に言えばおそらく福音書のなかでイエスを神と呼ぶところはただ一箇所しかない。「ヨハネによる福音書」の最後に出てくる「疑いぶかいトマス」という話です。

弟子の一人であるトマスは、キリストが復活して現れたと他の弟子たちが言っているろなかで、キリストが現れた場にいなかった人物です。復活したキリストが自分のところにも現れて、十字架に架けられた時の釘のあとに指を入れてみるまでは復活など信じないと言っていたら、そこにキリストが現れ、指を入れてごらんと言われる。その出来事に直面してトマスは「わたしの主、わたしの神よ」（第二〇章第二八節）と言う。

福音書のなかでイエスが神と言われているただ一つの場面がここなのです。復活とは何であったかと言うと、死んでいたと思っていたけど実は生きていたのね、とか息をふきかえしたんだということではなくて、十字架上で悲惨な死を遂げたイエスが、もう一度あらためて神的な存在として立ち現れてきた、そのことによって、イエスの活動や言葉が決定的に真実だったということがありありと弟子たちに感得される出来事であったということですね。それが復活と呼ばれる出来事だったのです。

第五章
悪

悪と自由意志

若松　悪なるものと闘えるのは何か？　それは現代社会の重要な問題です。それを善であると私たちは考えがちだけれども、善ではなく、聖なるものなのではないか。むしろ、人間が考える善は、悪を前にしばしば重大な敗北を喫してきたのではないか。

悪というものがどれくらい愚かで幼稚なものであるかを照らし出すことができるのは、善ではなくて聖なるものなのではないかと思うのです。悪に善をもってしてのみ闘いを挑むのであれば、それはことごとく負けていくだけです。

聖なるものが宗教的な世界のなかで力を持っているのはわかるにしても、もっと現実社会にそのはたらきを注ぎ込むことこそが、いまの宗教に強く求められているのではないか、ということを考えてみたいのです。

キリスト教が現代社会において何ができるのか？　現代社会で静かに跋扈している悪的なものに対して聖なるものがどう力を持ちうるのか、聖性なるものを深く考えるにあたって、まず悪を考えてみたいと思うのです。そこでまず、キリスト教における、伝統的な悪の定義とその変遷を山本さんに聞いてみたいのです。

山本　そうですね、とっかかりとして考えたいのは、アウグスティヌスの『自由意志論』です。アウグスティヌスと弟子の一人であるエヴォディウスとの対話形式で書かれているテクストですが、冒頭において、かなり悪の本質が語られます。エヴォディウスは「神は悪の創造者ではないかどうか。ぜひともこの問いに答えてください」とアウグスティヌスに迫ります。すると、アウグスティヌスはこれに答えて、「私がまだ青年だったとき、私をはげしく突き上げ、疲れさせたあげく、〔マニ教の〕異端仲間に追いやり、そこに投げ込んだあの問題を、君は提出したのだ。私はそれに会って極度に苦しみ、彼らのむなしい説話に圧倒されて、〔闇の世界に〕埋め込まれてしまった」と言うのです（アウグスティヌス「自由意志」泉治典訳、『アウグスティヌス著作集』第三巻、教文館、一九―二三頁）。

より詳しい経緯は『告白』に書かれているのですが、この答えからも、アウグスティヌスにとっては悪の問題が最初から大きな問題のひとつだった、ということがわかると思います。キリスト教に入ったのちに、なぜ全能の神がいるのにもかかわらず悪が存在するのか、と悩み始めたのではなく、アウグスティヌスにとっては最初から悪の問題があった。それを解決するために、善い神と悪い神とを認める二元論のマニ教に入っていた。つまり、悪い神を立てることによって悪という問題は解決するのではないか、という思いが、そもそもマニ教に入ったきっかけだったのですね。しかし、アウグスティヌスは次第にその教えに疑問を感じ始めます。もし完全な二元論だとすると、どちらが善でどちらが悪なのかを考える基準がなくなってしまうといった様々な解決困難な問題に直面し、マニ教の指導者と話をしても明確な解答を得ることができなかったからです。

そこで最終的にキリスト教に回心することになるわけですが、キリスト教の立場は、アウグスティヌスの発言の後半に次のように書かれています。「そこでわれわれは、存在するすべてのものは唯一の神によって存在し、そして神は罪の創造者ではないことを信ずる。しかし、罪は神によってつくられた魂から生じ、その魂は神によって存在するのだとすると、どうして罪は直ちに神に遡らないのか、この問題が心を悩ますのである」(同前、二三—二四頁)、と。

これはまだまだ長い著作の冒頭部にすぎないのですが、『自由意志論』という著作の本質がすでにしてここに現われています。要するに、罪は神によって生じるのではなく、神によって創造された人間の魂から生じるのだ、と言う。ここでアウグスティヌス自身が突っ込みを入れているように、人間の魂が罪を犯す、だから人間が悪の起源なのだ、と言っても、人間を創造したのが神なのだとすると、悪を為す人間の起源が神ということになるのだから、悪の起源は神になるのではないか、という疑問がわいてくるでしょう。それに対してアウグスティヌスが説明の補助線として考えるのが、「自由意志」なのです。

まず、人間の魂は自由意志を持っていると考える。そのうえで、自由意志を持った人間の魂を創造したのが神なのであれば、神に悪の原因があると考える人がいるとすれば、それは自由意志というものがわかっていないのだとアウグスティヌスは言います。それがその行為の最終的な起源である、ということこそが自由意志という概念の本質であって、自由意志を持った人間を神が創造したからといって、その自由意志に基づいてなされた悪の原因が神に遡るわけではないと言うわけです。自らの行為の最終的な責任を担いうる存在として創造されたことこそが、自由意志を持っていることの意味なのですから。

そもそもなぜ、自由意志を持った人間を神が創造したかといえば、人間と神が愛に基づいて交流することを、神は創造の目的としていたからだと考えるのです。もしも自由意志を持たないロボットのようなものを創造するのであれば、そこには神との理想的な関係は実現しない。理想的な愛の関係が可能になるためには、人間に自由意志を与える必要があったのだと。しかし、人間に自由意志を与えた副産物として、悪を為すという負の可能性がどうしても生まれてきてしまう。そして、実際にその負の可能性が実現することによって、この世界に悪が成立してしまう。しかし、それは人間が自由意志に基づいてやっていることであって、その責任を神にまで遡らせることはできないのだ、というのがアウグスティヌスの自由意志論の骨子です。このアウグスティヌスの解決は、後の時代に至るまで、ある意味では現代に至るまで、神と悪の問題について考えるときには常に援用され続けているフレームなのです。

「悪は善の欠如である」

若松　そうすると、アウグスティヌスの考え方によれば、悪の行いは神には届かないということでしょうか。つまり、悪が人間世界を破壊する、あるいは人間的な秩序を破壊することはありえても、悪が神の国の秩序を破壊することはありえないということでしょうか。

山本　どうでしょうか。もう少し言葉を足すと、キリスト教には「悪は善の欠如だ」というアウグスティヌスに由来し、トマスなども受け継ぐ基本的な悪の定義があります。『自由意志論』も徐々にそうした話題に移っていくのですが、人間の罪や悪い行為は、じつは「悪を選ぶ」という選択によるものではない、というのがアウグスティヌスの考えのポイントの一つです。むしろ、人間の選択というものは常に善と善の間の選択でしかありえない。行為をするとき、我々は常に何らかの「善」を目指していると考えるのです。

一般的には、人生の様々な場面における選択とは、倫理的に生きることを選ぶのか、あるいは金や快楽におぼれて生きるのか、といったわかりやすい道徳的基準に基づいた二分法でしょう。でもアウグスティヌスによれば、人助けのような倫理的な行いはもちろんのこと、お金や快楽の追求といったものも、すべて「価値があるもの」であるという広い意味において「善」なのです。サービスのよいレストランも、書き心地のよいボールペンも、人間の選択の対象となるのはすべて善なので、悪い行為は悪を選ぶことではなく、常に善を選ぶことに由来することになる。となると、悪とは何なのか？

そこでアウグスティヌスは、より高次の善を犠牲にすることによって、より低い善を実現しようとすることが悪しき行為の本質なのだと考えるのです。

人間の欲求は善なるもの、価値あるものにしか向かいえないものだというだけではなく、そもそも、神の創造したものはすべて善だとキリスト教では考える。その意味において、実際には善しか選べないわけだけれども、よりよい善に目を閉ざしてしまった場合、そこに悪い行為が生まれてくるのだ、と考えるのですね。つまり、悪い行為というものはあっても、それ自体として悪いものなどそもそもありえないのだ、というのがアウグスティヌス以来、キリスト教において悪を考えるときの大前提なのです。

若松　しかし、「悪は善の欠如である」という悪の定義と、私たちが直面する悪というのは感覚的にはずいぶん異なるものではないですか。

山本　確かにそれはそうなのです。「善の欠如」は、ラテン語でプリバチオ・ボニ(privatio boni) といいます。ボニは、「善」を意味するボヌム (bonum) というラテン語の名詞の属格で、「善の」という意味で、プリバチオが「欠如」ですね。トマスは区別しているのですが、ほかに「善の欠如」に類似する概念に「善の不在」というものがあります。ラテン語ではアブセンティア・ボニ (absentia boni) ですが、「不在」とは単に何もないという意味であるのに対し、プリバチオ、「欠如」とは、あるはずのものがないという意味です。当然あるべきはずの倫理的な考慮を欠落させて、快楽や利益という意味での「善」をひたすら選んでしまう。それは、恐るべき空白というか空虚というか、そういうものだと思います。「悪は善の欠如である」とは、悪なんて存在しないと言っているのではなく、「悪は一種の空虚として存在する」という意味だと解釈したほうがいいと思います。そこには、人間存在の抱える恐るべき虚無性が表現されているのだと思います。

若松　罪と悪というものもずいぶん違いますでしょう？

山本　そう、罪というものはもちろん実在します。罪とは、つまりより高次の善を犠牲にする仕方でより低次の善を選んでしまうという在り方のことですね。究極的に言えば、神という最高善や、神によって創られた秩序を蔑《ないがし》ろにして行為するのが「罪」というものだと思います。

若松　日本人にかぎらないと思うのですけれども、キリスト教が抱えている大きな問題として、罪と悪との関係をあまり明らかにしていないことがあるように感じられます。罪を重ねていくと悪があるという考え方なのか、それとも、悪と罪というのは似て非なるものであって、二つの間には容易には越えられない大きな壁があるのかどうか。罪と悪には連続性があるのかないのか。この関係性を神学的にはどう考えるのでしょう。

山本　我々が現実に感じとる悪の大きさと、悪の定義である「善の欠如」を並べてみるときに、大切なのは、「善の欠如」という悪の定義は必ずしも単に楽観的なものの見方を表現しているのではないという事実に着目することです。人間は多くの場合、「善の欠如」的なことを選んでしまう、しかしそれ自体が結構怖いことですよね。人間存在がどうしても抱え込んでしまう恐るべき虚無性の表現として、「善の欠如」という悪の定義を理解しなおすことが、この定義を有意義な仕方で生かしなおすための鍵になると思います。

若松　それはそうですね、人間は罪を犯しがちです。でもそれでも、罪を犯すことと悪との間には大きな溝があるように思えてならない。人は呼吸をするがごとく罪を犯すという存在であったとしても、本当の意味での悪とはそういうものではないだろうと思うのです。日々生きているなかで何千という罪を犯す。しかし、足し算で罪が重なってその数が三千になったら悪に転ずるのかといえば、そんなことはけっしてない。悪の門をくぐるときには、何かもっと、とても大きなものを越えていくのではないか、と思うのです。

山本　おそらく日本語でいう罪という言葉に、どうもおどろおどろしいイメージが付きまとうのでしょう。罪という言葉は、罪を犯すとか、罪を背負って生まれてくるといったように、どこかとても暗いイメージを与えるところがある。一方、ギリシア語で罪はハマルティアというのですが、これは元々は「的外れ」、という意味なのです。そんなところを目指しても人間としては満たされませんよ、というようなニュアンスなのです。

その流れで考えれば、「人間は罪を背負って生まれてくる」といういわゆる「原罪」の教義も、人間には、自分を本当に満足させることのできないようなものをなぜか追い求めてしまうところがある、といった意味で解釈できるはずです。

アウグスティヌスの『告白』に描かれている話で言えば、出世とか異性との関係とか、そういったたぐいのものです。最終的に自分を満たしてくれるものと思いこんでしまったけれど、そうではなかった。より大きな善へと心が開かれていなかった——それが罪ですね。出世とか魅力的な他者との関係とか、それはそれ自体としては善いものです。むしろ、善いもの、魅力的なものであるからこそ、それ以上に善いものがあるということを覆い隠してしまうことがある。そこに問題がある。だから罪とは、積極的に悪を為すということでは必ずしもないのです。

悪とは聖なるものの破壊である

若松　自分なりに悪を定義しようとすると、悪とは罪を重ねていくことではなく、聖なるものを破壊しようとする営みではないかと考えています。遠藤周作が、フランスの作家ジョルジュ・ベルナノス（一八八八〜一九四八）の言葉にふれながら書いていたように、この世に悪というものなどないと思わせるように企んでいるものこそが、究極的な悪なのではないでしょうか。

歴史を振り返れば、ファシズムを経験し、スターリニズムの時代も経てきた。その日々には悪と呼ぶほかない、いのちの軽視があった。しかし私たちは、その問題にきちんと向き合わず、それら悪をもたらしたものは思想の違いにすぎない、という結論に落ち着けてしまってきていたように思うのです。

悪とは人間のなかに内在する、聖なるものを破壊しようとする衝動であって、それは罪とは根本的に異なるもの、つまり、本来求めなければならないものを求め損なっている、というよりも、本来求めなければならないものを破壊しようとする衝動を伴ったものが悪なのではないか。人は、神なるものの力を借りねばならない。けれども、悪とは、神とは異なる力を借りて、人間と神とのつながりを分断しようとするもののように感じられます。

聖書の中にも、悪魔および悪霊というものは確かに出てきます。でも、現代のキリスト教はどちらかというと神とは何かを語ってはきたけれども、悪についてはあまり語ってこなかった。悪は、けっして縁遠いものではなくて、常に萌芽として身近なところにあって、意識にのぼらせなくては、知らないうちに大きく育ってしまうものなのかもしれない。でも語られることがないままでは、内省することも、悪に考えを及ばせることもできなくなってしまう。

山本　神があるのになぜ悪があるのか、という問いも大事です。でもアウグスティヌスもそうであったように、むしろ悪の問題を突き詰めて考えることが神に至る道になるのだとも思います。

ルイスもまた、悪の問題について本当に深く考えた人で、『キリスト教の精髄』も、善と悪の話から始まり、善と悪という概念を認めると、自ずと善悪の究極的な基準としての「神」の問題について考えなければならなくなるという展開をしていきます。トマスの有名な言葉にも「もし悪が存在するのであれば、神は存在する」(『対異教徒大全』第三巻第七一章、山本芳久訳)、というものがあります。もし神が存在しなければ、つまり善悪の絶対的な基準のようなものを認めなければ、悪というものも存在しえない。逆に悪というものを認めるのであれば、それは善悪の究極的な基準としての「神」の存在を認めることにもなるというわけです。これは、一見詭《き》弁《べん》のように聞こえるかもしれませんが、無神論者の代表格であるニーチェ(一八四四～一九〇〇)においても、形を変えてまた出てきます。

ニーチェの著作に『善悪の彼岸』というものがありますが、ニーチェの無神論は、善悪の向こう側に行こうとするものです。伝統的に道徳で言われてきた「善悪」は、弱い人間が強い人間のことを「お前たちは悪だ」と言うことによって自分たちを守ろうとする、弱者の奴隷道徳に過ぎないのだ、と言うのですね。つまりニーチェは、悪があるのであれば神なんか存在しないと言うのではなく、この世にはむしろ善も悪もないのだ、力が強いか弱いかの区別しかないのだ、という方向に行く。それがニーチェの「無神論」というものです。逆に言えば、ニーチェもまた、道徳的な悪を道徳的な悪と認めることが神の存在を認めることにつながってしまう、ということを認めているとも捉えるでしょう。

若松　なるほど。ただ山本さんに反対するわけではないですが、神を聖なるものに置き換えて考えてみると、どうでしょうか。悪に直面することは聖なることに直面することかといえば、悪を封印していくと、逆に聖なるものを見失うのではないかと思うのです。昨今の日本に漂う空気はまさに、そういった危機を感じさせる。人間の手がふれ得ないもの、全身全霊で畏怖の念をもって接しなければならないようなものが、陳腐なものに成り下がってしまっている状況――それこそが悪の原種のように思われるのです。

悪というものは、角を生やして、私は悪魔です、と分かりやすい形でやってくるのではなく、むしろ、自らを救世主であると称して現れることもある。この世界を破壊する、という恐怖に満ちたメッセージを伴って現れるとは限らず、むしろ、より良い世の中を作ろうという明るい展望とともに出てくる。

例えば、強い人間、弱い人間といった優劣をつけることもその過程ではないでしょうか。ナチスドイツがやったのは、まさにそういうことです。民族的にユダヤ人が劣っている、ハンディキャップを持った人には生存価値はないと言い、人に優劣をつけて、徹底的に質的存在であるいのちを量的に換算していく。

人間に内在する聖なるものは、本来、量的に換算されることを拒むはずです。数値によって測られたり、多寡を比べられるようなものでなく、絶対固有性を保持しているはたらきこそが、聖性でしょう。でもそういった固有の価値を相対化してしまうもの、人間の命を数値で測るような衝動こそが悪なのではないでしょうか。原子爆弾の投下などは悪以外の何ものでもない。アメリカは戦争を終結させるために原子爆弾を投下するより仕方なかったと言うけれども、そもそも、そうした一瞬の殺戮という選択肢が出てくることに、人間に内在する悪の表出というものを見る思いがします。戦争で人を殺しあうことをはるかに越えた、瞬殺して戦争を終結させることが良いことなのだという価値観こそが恐ろしいと思うし、現代の悪というのはそのように、ある価値体系においては、良いことと判断されるものでもある。

個であること、人間の主体が何かを見つめる

山本　少し角度を変えてみると、キリスト教とは常に個を守ろうとしてきたものです。キリスト教的な神秘主義においては、神と一致するという言い方が出てきますが、しかしここで言う一致とは融合とは異なるものです。神と深く結びつくことによって個が個としてますます輝き出す、お互いを個として認め合う世界が開かれていく――それが本来のキリスト教の考え方です。ある種の新プラトン主義の影響を受けた神秘主義のなかには、個と個が融合してしまう、個が個ではなくなってしまうスピリチュアルな立ち位置のものもありますが、キリスト教の霊性はそのようなものではない。

若松　個であることを失うと、人はとんでもないことになりますね。例えば暴走化したデモがあります。私はデモを否定しません。しかし、そこに見過ごすことのできない問題もある。デモでは、ときに聞くにたえないほど怖ろしいことを口にする人がいます。しかし、彼ら彼女らは、一人になった時にはきっと、そんな言葉を口にしないと思うのです。大衆になった時に個の中に巣くってくる何かがある。

個々の人間が、神の前に立つ時には力を持たないのだけれども、個を失って人が大衆になった時にどこからともなく巣くってくるもの、それが悪という感じがするのです。個の立場を失うことには、本当に気をつけなくてはならない。個であろうとすることが、いちばん最初の悪との闘いだと思います。そうでなくさせるものが、キリスト教的に言えば悪なのだろうと思います。

山本　ドストエフスキーの『悪霊』のエピグラフにもなっている「ルカによる福音書」第八章第三二―三六節の有名な悪霊に取り憑かれた男の物語にもあるように、「悪霊に取り憑かれる」とは、個を失ってしまっている状態にほかならないわけですね。

若松　ドストエフスキーの存在が、今もなお大事なのは、悪に対して彼が沈黙しなかったことです。よくないことと、悪とは違うのです。よくないことは、改めればいい。法律に違反した過ちなどは悔い改めることができる。でもそれと悪とは異なるものです。その差異を宗教側は人々に向かって語らなければいけないと思います。

昨今見うけられる、もっと日常に深く入り込んでいる悪のおぞましさは、個を失え、という命令です。これは企業や国にもあるでしょう。会社のために、国のために、それは一見いいことのように聞こえる。会社のために身を粉にして働くのはいいことだ、何かのために働くのはいいことではないですか、それのどこが悪いのですか、といったように、一見いい顔をしているのが悪の厄介さではないでしょうか。

アメリカ系フランス人の作家にジュリアン・グリーン（一九〇〇〜一九九八）という人がいます。今回（二〇一八年八月）、ローマ教皇があらゆる死刑に対して反対する、という決然とした反対の意を示しましたが、そのときに思い出したのが、やはり死刑に反対の意思を示していたジュリアン・グリーンです。彼は『終末を前にして』（原田武訳、人文書院）というインタビューで、まず、人間は誰も死を知らないのに「死刑」という処罰を下すことが非合理だと言うのです。そして死刑囚にも、回心のチャンスを最後まで与えなければならないと言う。仮に回心した人間を処刑するのであれば、それはまた別の人間を殺すことになる、何故ならばその人の魂がすでに変わっているからだ、と言うのです。

この論理は一般の人には容易に受け入れ難いのかもしれません。でも、ここには人の存在というものが、そもそも何に起因するのかという問題がその裏側にある。その人の身体は他の人の身体に変わることはなく、そう簡単に心が入れ替わるということもないかもしれないけれども、神の方向に本当に向かって歩き始める、ということはあり得る。それは人が新生することに他ならない。そしていつの日か、真に回心がなされた場合になお死刑を実行するのであれば、それは新たな人間を処刑することになると考えるのです。その根底には、人間はそもそも過ちを犯すことが多いはずだという、グリーンの懐疑的な考えもあります。

今、私自身には死刑に対して絶対にノーだと言える確信はまだありません。しかし、死刑が根本的な問題解決にならないであろうとは感じています。では打開策を論理的に言語で表現できるかというと、そうはいかない。何が人間の主体であるかということと、悪の問題がどう関係するのかをめぐってもう少し考えを深めなくてはならないと思っています。

山本　教皇の今回の発言というのは、キリスト教の歴史全体を考えてみればかなり大きなことです。キリスト教は、死刑に反対するものという一般的なイメージもあると思うのですけれども、実は全然そんなことはない。大半の神学者はむしろ死刑を認めてきたのです。トマスもはっきりと死刑を認めている。彼の場合は、永遠の救いのようなものが人間にはあるので、それを妨げるような教え――人間を死後の永遠の断罪へと導いてしまうような教え――を蔓延させる人がいるのであれば、そういう存在は共同体から取り除かなければならない、というようなことを言っている。今の世俗化した社会とは根本的に違う前提の時代に生きていたとはいえ、かなりはっきりと死刑を認めてきたのが事実です。そこにおいて、ただの個人的な発言にとどまらない、カトリック全体を代表した教皇の死刑反対のメッセージは、我々が考えている以上に何か大きな変化につながる可能性がありますね。

若松　そうですね。だからこそ、このことが意味するところをもっと語らなければならないと思うのです。死刑がなぜいけないのか、という問いは、人間がなぜ平等なのか、というような問いにも等しい深く、大きな問題です。

人間が平等であると言われただけでは、何において平等なのかがよく分からない。機会の平等か、社会的経済的差別のない平等か、それとも霊魂において平等なのか？　それと同様に、何において死刑があってはならないのかといった内実を、掘り下げて語るのはとても大事なことです。今の教皇からみれば、死刑というのは悪的なものに結びつく可能性があるということなのでしょう。それほど人間は誤りやすい存在であるという思いもあるのかもしれない。

たとえば、人を殴ったら捕まるけれども、相当程度人にひどい暴言を吐いても許される状況が現在においてはあります。それは人間というものを、きわめて身体的に捉えていることの表れだと思います。仮に心身の割合を五十パーセントずつの存在として人間を考えるのであれば、暴言を吐くことは殴ることと同じくらいの重みをもって捉えられなければならないはずです。最近問題化されることの多いハラスメントを考えるにあたっても、被害の程度というものは人の主観にもよるもので、客観的な判断は難しいところもある。人間の主体がどこにあるかということをはっきりさせなければ、認定が難しくなるのは当然です。そのとき主体性をどう捉えればいいのか、それを語り得るのはやり宗教者だと思うのですね。

山本　そうですね。その問いかけはとても面白いですし、話を聞きながら思ったのは、伝統的な罪の区分のことです。言葉の罪、行いの罪、怠りの罪。言葉で傷つける、行いで傷つける、あるいはやらないことによって傷つける、という区分がキリスト教にはあります。

若松　この三つの罪はミサの時に言うものですね。ここで等価に語られるように、行いだけでなく、言葉というものも時にナイフになる。刃物で人を襲うように人の心を突き刺すことがありうることについても、もっと積極的に語らなければならない。人間は心からも「血」を流す存在であることを、誰かが言わなくてはならないと思います。

さらにこの延長で重要なのは、悪からは少し離れますが、性の問題です。性というものがどこに起因するのか。それは身体なのか、それとも心なのか。この問題を語り得るのは臨床心理学の専門家、宗教者そして哲学者だと思うのです。誰かが口を開かない限り、性の主体のありかというのは明らかにならないのではないか。そういう意味で宗教が果たさなくてはならない問題を改めて考えなければならないはずです。

山本　現在の教皇も、同性愛については見解のブレがあると指摘されてもいます。同性愛的傾向のある人は、子どものうちに精神医学の助けを受けるのがいいのだという記者会見での発言が、ヴァチカン広報部のまとめた速報においては丸ごと削除されるといった動きがあった。カトリックにおいて、同性愛の問題をどう位置づけるかにはまだかなりの論議がいるでしょう。

若松　そうです、深い論議が必要ですね。しかし、もう一方で眼前の現実を見つめ、対応していかなくてはならない。同性愛の聖職者が数多くいることは否定できません。それを否定して、私たちはどこへ行こうとしているのかという問いもある。ジュリアン・グリーンも同性愛者でした。彼が生きてきた時代には今よりずっと大きな抵抗も差別もあった。それを乗り越えて、先に見たようないのちの認識を持ち得たことは尊敬に値します。ともあれ、論議の前に同性愛をめぐってキリスト教が世の中に蒔《ま》いてきた争いの種が数多くあることをしっかり認めなくてはならない。また、私たちは差別やたましいへの責苦を繰り返さないようにしなくてはならないと思います。

異質なものを認める原理

若松　過去を振り返れば、キリスト教は科学との間にもずっと昔から争いの種を抱えてきました。天動説に対する地動説の挑戦など、科学的な新たな知見を前に、いままでのキリスト教の価値観とぶつかる様々な領域で、教会が時代を経るごとに和解してきた場面はこれまでにもたくさんありました。同性愛、広くＬＧＢＴの問題においてもそうした可能性は十分にあり得るでしょう。自分の中の動かないものを動かないものとして大事にしていくことと、時代が求めるものに合わせて変化していく可変性の両面がともに重要だと思うのです。

山本　キリスト教神学の歴史というのはまさにそういうものです。異質なものと出会い、和解によって発展することをキリスト教は常に繰り返してきた。

若松　須賀敦子は、教会というものは信徒によってではなく、むしろ異邦人によって完成するのだと言い、非キリスト者と交わることによってキリスト教は完成に近づいていくのだということを強調しています。それが彼女の霊性なのですが、この視座は現代においてとても重要だと思います。世界が小さければ自分たちの仲間内だけで許されたかもしれないけれども、世界がこれだけ大きくなってしまうと、日々、異なる様々な宗教や思想、価値観の人々と交わらざるを得ない。自分たちの信じていることは絶対に正しくて、そうではないものが誤りだという狭隘《きょうあい》な在り方はもはや成り立たない。

こうした点において今日の日本のキリスト教界には閉鎖性を感じます。今のローマはより開放的だけれども、日本のキリスト教界はそれとは異なる傾向が否めないような気がします。閉鎖的というよりも、静的、すなわち動的の対極にあるものです。

山本　キリスト教にもいろいろありますが、「ルカによる福音書」第一〇章にある「善きサマリア人のたとえ」などは、むしろ異質なもの同士が関わり合う原理のようなものをイエスが打ち立てたのだ、と読めますよね。キリスト教とそうでないもの、という対立にしてしまうのであれば、それこそキリスト教の本質に背くことになるだろうと思います。

若松　そうですよね。いま悪の問題をめぐって話しているわけですが、異質なものを受け入れない、むしろ排斥しようとする姿勢は本当に「善の欠如」、すなわち悪に結びつきやすいと思います。だから善きことというものは、より円に近づいていこうとすること、つまり自分たちと同じ信仰を持つ人だけでなく、異なる人をも受け入れていくことで、より円に近づくということだと思います。

山本　キリスト教のみが真の救いに至るのだという独善的な考え方があるかと思えば、他方キリスト教のなかにも、いやどんな宗教でもいいんだよと考える妙に開かれた立場もあるのですが、私の立場からしてみれば、どちらも違うだろうと思うのですね。キリスト教ならばキリスト教で、いや、これこそがキリスト教の真理であり人間を救いへと導く道なのだという強い確信を持って信仰を打ち出したうえで、外に向かって開かれた対応をしていく態度こそが重要なのに、そういった意味でのバランス感覚が欠落していることが多い。

若松　それはきわめて重要なことで、他者に開かれることと、自己の信仰が深まることとは矛盾しないのではないでしょうか。矛盾しないことこそが、宗教的地平だと思うのです。論理的には矛盾するのかもしれない。自分のところに留まっていては、外には開かれていかないではないかと思われるかもしれない。しかし、霊性的地平の出来事というのは、他者に開かれることで自己の信仰が深まることであり、自分の真理を深く掘ることこそが他者の真理とも深く繋がることになるというものなのです。

山本　現代の日本を考えた時に、キリスト教以外の道は全く認めないという人に話を聞きたい人はあまりいないと思います。他方、キリスト教でも仏教でも神道でもなんでもいいと思いますよ、というキリスト教の人がいたとして、その人に話を聞きたいという人もまたいないでしょう。キリスト教に強い確信を持ちながら、日本の伝統的な宗教にも開かれた対話を重ねていくような人にこそ話を聞きたいと思うのではないでしょうか。

若松　対話が成り立つには、自分の立場は不完全なものであると認識しながら、しかしそこに立脚するということが前提として必要だろうと思います。自らの不完全性を認識しながら、自己に立脚するという態度。ソクラテスもそうですよね。自らを不完全と認識しながら、完全なる場をここに現前させようではないかとやったことこそが、ソクラテスの仕事です。

一方、いや完全なんてものはない、みんなで中間点を目指してやりましょう、という態度も問題が残る。宗教多元主義というものは学問的考えとしては成り立つけれども、実存的には成り立たない。その区別はしなければならないと思います。

山本　それはとても大事なことです。キリスト教、仏教、神道、どれもそれぞれに違う道だけれども救いに至るのです、と安易な仕方で言う人がいるとすれば、なぜあなたはそんなにすべてを上から見渡すような地点に立つことができるのですか、あなたは神なのですかと訊きたくなる。非常に謙虚なようでいて傲慢になりかねない。

若松　井上神父は、宗教とは知ることではなくて生きることなのだ、としばしば語っていました。事実、私たちは本来、ひとつの道しか歩むことができません。他の道がどこに至るかということは、おこがましくて言えないはずです。他の道を歩く人と言葉を交わしながら自分の道を歩むことしかできない。他の人の道を歩むことはできない。どの道もたどり着くところは同じだろうと想像することはできても断言などは決してできません。自分の道を歩いていく中で、他のキリスト者に励まされるように、仏教者に励まされながら歩くということはあるかもしれない。でもそれは自分の道を変えるということとは異なるのです。

こう考えながら印象深く思い出されるのは、ダライ・ラマ十四世の話です。ダライ・ラマは決して改宗を認めない、促さないと言うのです。それはその通りで、もしあなたがチベット仏教に心を動かされたならば、あなたのその道を深めなさい、と言う。こうした態度が本当だと思うのです。現代では信仰もスイッチのように簡単に切り替え可能なように思われがちだけれども、それが真に信仰と呼ぶべきものであるなら、決してそうではない。宗教とは考えるのではなくて、生きることなのだと思うのです。

山本 新約聖書のなかには、「キリスト教」と直接訳すことのできる言葉は出てきません。そうではなく、「この道」という言い方で出てきます。使徒パウロがキリスト教の迫害者だった頃のことについて言及されている文脈で、「この道に従う者を見つけ出したら、男女を問わず縛り上げ、エルサレムに連行するため」(「使徒言行録」第九章第二節)という一文があるのですね。キリスト教が語られるときに、「道」という言葉で語られるのは示唆的ですよね。

若松　生きることと信ずることが離れていくのは怖ろしい気がしますね。その道はひとつであってほしい。

悪はどのように生まれるのか

山本　ところで、「悪は善の欠如だ」ということについてもう少し語ってみたいと思います。宗教的な文脈からのみならず、悪について、トマスは哲学的に説明しようとします。健康と病気を例に挙げて説明するとわかりやすいと思います。健康が善、病気が悪なわけですが、病気とは健康体を部分的に蝕《むしば》む形で存在しうるものです。だから健康診断を受けて、「身体中が病気だった」という言い方をすることはありえても、実際には、いろんな箇所が病気でありながら、全体としてはまだ健康だから生きている。本当に病気にすっかり完全に蝕まれてしまったら、もう死んでしまうわけです。死んでいる人のことは病気だとは言わない。だから病気という悪が決定的に強くなってしまった瞬間に、病気という悪は居場所をなくしてしまうわけです。悪というのは善に寄生することによって、善の一部を蝕むことによって初めて存在しうるのだとトマスは言います。だから悪というものがどれだけ蔓延したとしても、それは善に寄生する形でしか存在しえないのだ、と。

若松　それは健康と病気という以外にどういう喩《たと》えがありますか。というのは、私の感覚だと、病気になったから、逆に善きほうに変わっていくということもありますよね。病気は、節制しようとか、運動を始めようとか、ある気づきのきっかけになったりもする。

山本　アウグスティヌスがまさにそういう言い方をするのです。神は悪をも善用される方である、と。

若松　それはダイナミックですね、まさに神だという感じがします。

山本　「創世記」におけるアダムの罪も、「幸いなる罪（felix culpa）」という言い方をしたりします。古代以来、キリスト教における救いのあり方を象徴するものとして使われてきた神学的概念のひとつですね。罪によって楽園を失ってしまったアダムの罪は、それ単体としてみれば、不幸な過ちであったかもしれないけれども、神はそういった悪をも善用される方であるのだ、と。

アダムの罪を通して失われた人間と神との親密な関係を回復するために、キリストという救い主を遣わして人類の罪を償わせ、人類に至福への道を与えてくださったのだというのですね。その意味においてアダムの罪は、キリストの受肉という人類にとって最善の結果をもたらした「幸いなる罪」と呼ばれ、また、神による「悪の善用」によってキリストの受肉が起こりえたのだというわけです。

若松　なるほど、「罪の善用」はわかるのですよね。でも、「悪の善用」はどうでしょうか。

山本　それは悪の定義次第だと思います。アウグスティヌスは「悪」を「為す悪」と「蒙《こうむ》る悪」に二分します。人間が「為す悪」とは、「罪」のことです。他方、「蒙る悪」とは、たとえば病気とか自然災害などですね。「蒙る悪」に関して言えば、身体のどこかの調子が悪くなったことをきっかけに節制をして、身体全体がむしろ健康になることがありますね。そういう場合、我々が病気という悪を善用したと言えるわけです。

若松　身体が健康にならなくとも、生き方そのものが変わってゆくということもありますよね。身体そのものには変え得ない限界もあるわけですから。

悪とはどういう形をしているのか、すこし角度を変えて考えてみたいのです。石牟礼道子（一九二七～二〇一八）さんの『苦海浄土』（講談社文庫）をめぐって一人芝居をやられていた、砂田明（一九二八～一九九三）さんという方の言葉を見てみたいと思うのです。

「水俣病は、もっとも美しい土地を侵したもっともむごい病でした。そのむごさは、まず力弱きもの――魚や貝や鳥や猫の上にあらわれ、次いで人の胎児たちや、稚な児、老人達におよび、ついに青年壮年をも倒し、数知れぬ生命を奪い去りました。そして、生きて病みつづけるものには、骨身をけずる差別がおそいかかりました。大自然が水俣病をとおして人類全体になげかけた警告は無視され、死者も病者もう

ち捨てられ、明麓の水俣はふかいふかい淵となりました。……」（志村ふくみ『ちよう、はたり』ちくま文庫、六三頁）

工場排水に含まれる有機水銀という猛毒。一九五九年熊本大学の医学部がそれが水俣病の原因だとつきとめていながら一九六八年までの九年間も海に垂れ流し続けた。病気の発見から数えたら十二年の歳月が流れています。これはもう、考えられない悪です。ナチスドイツがやったことに等しいジェノサイド（集団殺りく）です。

今の日本では、水俣病は、公害であって、大量虐殺だとはされていない。しかし、現実は違います。なぜ有機水銀を流し続けたかといえば、経済的利潤のためにです。ある工業製品を作るために有機水銀が必要だった。しかし、一見これは悪という顔をしていない。だから、恐ろしいのです。

山本　「悪は善の欠如である」ということを別の文脈で言いなおすとすれば、罪とは考慮すべきことを考慮せずに行為するということです。ここでいえば、弱い人々の命という当然考慮すべきものを考慮せずに、利潤、あるいは自分たちから見た善を追求しようとすること。積極的に悪いことをしようとするわけではない、自分たちにとっての善を実現するために当然考慮すべきことを考慮せずに目をふさいでしまうということ。神学的に言えば、それが罪なのだという言い方になりますね。

若松　繰り返しますが、水俣病の原因がわかってから九年間もの間、有機水銀を流し続けたのです。ここには罪というよりも悪的なものを感じます。私たちが生きる現代という時代を包む大きな闇です。

山本　気づかないのではなくて意図的にということですよね。気づいているにもかかわらず、考慮すべきことをあえて考慮しないということがある。

若松　そうなんです。学者たちはおそらく——これは生命科学者の中村桂子さんからうかがった仮説ですが——水を流せば濃度は薄まるだろうと考えた。しかし、薄まらなかった。海には生き物がいたからです。水俣の不知火海は湾になっている、本当にいい漁場です。それゆえに悲惨な出来事が起きた。

そこまでならばまだ、これほど大きな過ちにならずに済んだかもしれない。しかし、原因がわかってからもなお九年間も流し続けた。また、地方自治体も漁業を禁止しなかった。ここには小さな罪を積み重ねていったというよりも、いのちをめぐる決定的な過ちがある。

悪と聖なるものとの関係

若松　少し話が変わりますが、悪と聖なるものとの関係を考える上で、河合隼雄（一九二八～二〇〇七）の『明恵　夢を生きる』に引用された明恵の手記にある一節を紹介したいのです。

問ふ、何を以て此《これ》光明真言の、此の三昧に相応せる真言なるを知るや。答ふ、談ずること輙《たやす》からずと雖《いへど》も、冥《ひそか》に大聖の加被有り。予、承久二年夏の比《ころ》、百余日此の三昧を修するに、同じき七月二十九日の初夜、禅中に好相を得たり。すなはち、我が前に白き円光有り、其の形、白玉の如し。径、一尺許《ばか》りなり。左方に、一尺二尺三尺許りの白色の光明有りて充満す。右方に、火聚《くわじゆ》の如き光明有り。音《こゑ》有りて告げて曰はく、「此は是れ光明真言なり」と。出観の時、思惟すらく、甚だ深意あり、火聚の如き光明は、悪趣を照曜する光明なり、別本の儀軌にいはゆる「火曜の光明有りて悪趣を滅す」とは即ち此の義なり、と云々。（河合隼雄『明恵 夢を生きる』講談社＋α文庫、三四五頁）

火の光が悪を滅すると言うのです。ありありと聖なるものと悪との関係が描かれています。この一節を読むと旧約的な世界が広がります。「火」が悪を浄化していくというフレーズが、旧約にも新約にもしばしば出てくる。先にも言いましたが、善の盾で悪に立ち向かおうとするのは大変厳しい。必要なのは聖なる盾です。火の盾。

山本　日本の古典や宗教の言葉の力というものはすごいですね。そして逆に、現在の日本のキリスト教は言葉の力がとても弱いことを思い知らされます。

若松　ウィラ・キャザーの『大司教に死来る』（河出書房新社）という本があります。ニューメキシコの自然の中で先住民族の魂の豊かさにふれた神父たちの姿を描いた作品です。須賀敦子が若かりし日に訳した本ですが、その本の序文に大変興味深いことが書かれています。自分がこのカトリック作家の本を訳そうとしたときに立ちはだかった大きな壁は、英語力のなさよりも何よりも、日本語におけるカトリック的術語の貧しさだった。キリスト教的な言葉が日本人の生活に根付いていないから、そもそもうまく表現できない。カトリック用語というべきものの貧しさに、何よりも苦しめられたのだと言うのです。

キリスト教とは何かを考えて感じていくことも、もちろん大事なのだけれども、やはり私たちは言葉を把捉し直さなければならない。内村鑑三の言葉を使うならば、キリスト教を日本という苗木に接ぎ木していくことはきわめて大事であり、そこが出発点ではないかという気がします。

山本　まさにそうですよね、ここで言われている「光明」とはキリスト教的に言えば言葉、ということですよね。聖書の言葉に照らされて悪を見ぬく、ということに他ならないと思います。

若松　そうなんです、そこに本当に驚かされたのです。こういうものを読むと、内村鑑三がいきなりキリスト教徒になったのではなく、法然や親鸞といった人物によってキリスト教徒になったのだというのも本心だということがじつによくわかる。仏教の下地があったからこそ、キリスト者になり得たのだということがよく理解できる。日本のキリスト教を日本的に理解するということではなく、イエス・キリストの福音にうたれて、それを日本の古典との深い対話の中でより現実的なものにしていく行為は、今もなお重要なことだと思います。

山本　「日本的なキリスト教」というと非常に内向きなものとみなされがちだけれども、それだけではなくて、日本の伝統というか、日本の言葉の中にある力を活用することによってむしろ外に向かっても打ち出していけるという気がするのです。

悪は聖なるものを恐れている

若松　悪と聖なるものとの関係を考えてみるときに、次の「マルコによる福音書」の一節も重要な手がかりになるように思います。

[21]一行はカファルナウムに着いた。早速、イエスは安息日に会堂に入って教えられたが、[22]人々はその教えに非常に驚いた。イエスが律法学者のようにではなく、権威ある者のように教えられたからである。[23]その時、汚《けが》れた霊に憑かれた人がその会堂に居合わせて、叫んで言った、[24]「ナザレのイエス、わたしをどうしようというのですか。あなたはわたしたちを滅ぼすために来られたのですか。わたしは、あなたがどなたであるかを知っています。神の

聖なる方です」。[25]イエスが叱って、「黙れ、この人から出ていけ」と仰せになると、
[26]汚れた霊はその人をけいれんさせ、大声をあげて出ていった。（「マルコによる福音書」第一章第二一―二六節）

聖なるものと悪との関係を非常に的確に捉えた一節であると思うと同時に、聖なるものの力を現しているのだけれども、悪は、じつは聖なるものを恐れている、ということがはっきりと記されています。

悪とは何かを考えるときに、悪にどう立ち向かっていくのかということを同時に考えなければならない。悪の正体を見定めなければならないというときに、とても大きなヒントになる箇所だと思うのです。

そもそも、イエスのことを本当に神であると語った人間は、聖書の福音書の中でも極めて少ないなか、ここで「汚れた霊」、つまり悪魔は、イエスのことを、「本当にこの人は神だ」とわかってしまう。

山本　新約聖書の「ヤコブの手紙」のなかに、「悪霊どももそう信じて、おののいています」（第二章第一九節）という一節があります。要するに悪魔や悪霊というのは非常に知的能力が高いので、神は存在するということ、あるいはキリストは単なる人間でないということを察知できるわけですね。他方、そこまで神の存在を察知しつつ、なぜ悪霊は悪であること――絶対的善である神に立ち向かうこと――をやめないのかという問

題もあるわけです。

日本におけるキリスト教的な言葉の貧しさ

山本 ここは文脈とは必ずしも関係ないのですが、私は、この「権威ある者のように教えられたからである」という訳が好きではないのです。ギリシア語では「エクスーシア」という言葉で、「力」を意味しています。律法学者よりもイエスの方がいわゆる社会的な「権威」を持っているなどというような意味ではなく、本当に力ある言葉、人を動かす力に満ちた言葉がイエスから発されていた、ということを言わんとする箇所なのですよね。

若松 キリスト教における権威とは神の力そのものです。私たちのようなキリスト者は、自分のなかで、この「権威」という言葉を自然と「神のはたらき」という言葉に置き換えて読んでいます。でも日常的世界において「権威」はもっと違う意味を帯びるから難しいですね。

山本 福音書の現代日本語訳にはこういう感じの翻訳が多いのです。現代にキリスト教のメッセージを語ろうとする人の言葉に力がないのは、そうしたキリスト教的な訳語の貧しさにも起因するのだと思います。

若松 いまの日本を見渡してみたときに、たとえば憲法改正という問題があります。こうした場面で、いや平和憲法の改正を絶対に許すことができない、なぜならそれは人間の尊厳を踏みにじることになりかねないからだ、といったメッセージを発することができるのは、ほかでもない宗教界でしょう。どこまでも非戦を貫くべきだというメッセージを発することができるのは宗教界だけであるはずなのに、あまり強く言わない。

もちろん、個々の「宗教者」が活発な意見を世に送り出している事実は知っています。しかし、社会的共同体である「宗教」は、そのことに言葉を尽くしていない。

内村鑑三は戦争とは絶対悪だと非戦論を唱えました。戦争が是認されることこそが悪なのだというのが内村の非戦論の核なのです。さらに印象深いのは、内村はいくら非戦論を唱えても戦争がなくならないことはわかっている、では何と言えばいいのですか、とも言ったことです。つまり、いくら非戦を唱えても戦争などなくならないから非戦を唱えるな、と言うのであれば、それこそが悪だというわけです。

世の中には無力な発言であっても、聖なるものに転化しうる可能性を持っている言葉がある。そういった言葉の種子を世に送り出すのが本来宗教の役割なのに、今はそれが十分に実践できていない。

山本　いまは、神学の知識にかけては、内村鑑三や矢内原忠雄（一八九三～一九六一）よりも優れた認識を有している人たちはたくさんいるにもかかわらず、社会に対して宗教的な言葉を発する人がいない。力ある言葉を発する人が実に少ないのです。それはなぜだと思われますか。

若松　おそらく、それが自分たちの役割だと思っていないのでしょうね。矢内原などは、たくましく世の中に出て行き、力ある言葉を伴って世の中に参与していった。社会で起きている出来事にキリスト者として言葉を発していくことが、自身の役割だと思っているからです。

山本　彼の場合、単なる宗教者の社会的発言というより、信仰に直結した社会的発言だったという気がします。

若松　そうです。政治的文脈というのでもない。社会で起きていることに対して、もっとも重要な価値観を踏みにじりかねないものに対しては、信仰的態度を標榜しながらノーと言う、宗教的立場から発言するということでいいのだと思います。でも、そういう人がいない。

山本　本当にあっという間にいなくなってしまいました。

若松　振り返れば、戦前には、日本のカトリックに大変大きな役割を果たした岩下壮一がいて、彼以後、日本のカトリックは〝カトリック・ルネッサンス〟と言っていいほどに、大きな変化を遂げていった。世の中とも深く交わり、あらゆる文化的なものに結実して開花したわけです。たとえば戸塚文卿《ぶんけい》神父（一八九二〜一九三九）が行った教会内の病院の改革もそうです。でも戦後になって、こうした流れは急激に途絶えてしまいました。吉満義彦も岩下壮一も若くして死に、それを受け継ぐ人がいなかった。そのことがいまもなお、尾を引いている気がします。

山本　やはり、もうひとつ大きな問題があるとすれば、いまは信仰というものが社会との接点を持った現実的な出来事というのではなく、むしろ個人の心の内面のものと捉えられがちであることです。宗教とは心の内面の問題である、という捉え方が非常に強いと思います。

東日本大震災が起きた直後、とうとう宗教の時代が来たのではないですか、不安をみんなが覚えている今こそ宗教的なメッセージを語るべきではないですか、ということを身近な人から何度か言われました。そうした役割を期待されることはわからないでもないです。でも、心が不安だから安心させるために宗教の教えを説くというのでは、宗教という営みをとても狭いものに矮小化してしまうと思うのです。内村鑑三にしても岩下壮一にしても、宗教とは真理の問題だった。真理の話だから、心の問題であると同時に、実社会にそのまま関わるものでもあるという仕方で、もっと広く開かれていた。それが安心して心穏やかに生きるためのものだけになってしまっては、非常に狭い話になってしまうと思うのです。

悪を見抜くことができるか

若松　それでは、悪というものを私たちは見抜くことができるのか。身近に悪の芽があったときに、そこに気づくことができるのか。この問題を考えるとき想い出す「福音書」の一節があります。隠れた悪をめぐって「マルコによる福音書」には次のように記されています。

[1]イエスはまた会堂にお入りになった。そこに片手のなえた人がいた。[2]ファリサイ派の人々はイエスを訴えようと思って、安息日にイエスがその人を癒やされるかどうかを窺っていた。[3]イエスは片手のなえた人に、「さあ、真ん中に出なさい」と仰せになった。[4]そして彼らに、「安息日に許されているのは善を行うことか、悪を行うことか、命を救うことか、殺すことか」とお尋ねになった。しかし、彼らは黙っていた。[5]そこで、イエスは怒って彼らを見回し、その心の頑なさを悲しく思い、その人に向かって、「手を伸ばしなさい」と仰せになった。その人が手を伸ばすと、彼の手は元どおりになった。[6]ファリサイ派の人々は出ていき、イエスのことについて、どのようにして亡きものにしようかと、ヘロデ党の人たちとただちに協議を始めた。(「マルコによる福音書」第三章第一―六節)

ここに描かれているイエスの行為は聖なるものです。でも、その脇において聖なるものを破壊しようとする悪が垣間見える。イエスの弟子たちは、イエスが生きている間、何もしなかった。弟子たちが忘れたのはイエスを守ることです。イエスがつかまったときに、むしろ弟子たちは逃げてしまう。しかし、これは他人ごとではありません。私たちが聖なるものを守っていくという姿勢をいかに示すことができるか。こうしたことが悪との闘いにおいては重要なのではないでしょうか。

山本　新約聖書の面白さというのは、こうして聖なるものと、政治的宗教的な悪との戦いとを、非常に緊張感をもって描くところですね。

若松　聖書こそが文学の原型なのでしょうね。聖書を文学的に読むというのは不十分で、聖書こそが文学なのだと思います。聖書にあるように悪はこうして日常に内在し、それゆえ常に戦わなくてはならなくて、日々聖なるものを招き入れなければ、悪は消えることなどないのでしょう。

ヒトラー暗殺計画に加担したディートリヒ・ボンヘッファー（一九〇六〜一九四五）という神学者は、じつに早い時期にヒトラーの言動に反意を表明していました。彼は時代の愚劣さをだまって見過ごさなかった。悪は私たちのなかにある愚劣なものを肥やしにしていく。罪と言うよりも「愚」です。だから、世は悪がはびこるのを見過ごしてしまうのでしょう。

いまの日本を見渡してみると、コメントするのが嫌になるほど小さな「愚」がひしめいている。ハラスメントという問題もそうです。あまりにバカバカしいとしかし、人は沈黙してしまう。闘うエネルギーすら削がれてしまう。でもそう思わせるのが悪です。また、愚劣さには、人間の存在に対する侮蔑の感情が入っていると思います。

山本　トマスによれば、罪とは、悪を選ぶことではなく、よりよい善をないがしろにするような仕方で、より低い善を選んでいく、つまり善を歪んだやり方で求めていくということだと先ほど言いましたが、善を選ぶ限りにおいて、罪は善につながっていく余地を残しているとも言えるのです。他方、現代において「悪」の問題を考察するさいに大きな手がかりの一つになるのは、ハンナ・アーレント（一九〇六～一九七五）の言う「悪の凡庸さ」という概念だと思います。

若松　「悪の凡庸さ」という発言が、他ならぬアーレントから出なければならなかったことも、悪という問題を考えるときに、何か大事なことを告げ知らせているのかもしれません。ナチスによるユダヤ人迫害のような悪は、根源的な悪というよりもむしろ、人々の思考停止がもたらした表層的な悪の集積であるということを言い当てたこの言葉は、本当はキリスト者から出てくるはずだった。そう思われる一方で、ユダヤ人であり、ハイデガー（一八八九～一九七六）と複雑な関係を持ったアーレントという非キリスト者から出てきたことの重要さも強く感じます。「悪の凡庸さ」という言葉があるおかげで、私たちは相当に悪との戦い方を身につけられたのではないでしょうか。

山本　アーレントの博士論文『アウグスティヌスの愛の概念』（千葉眞訳、みすず書房）が、アウグスティヌスをめぐるものであり、伝統的な悪の概念の起源にあるアウグスティヌスの考えをよく知っていたことも、おそらく「悪の凡庸さ」という概念が生まれることになった背景にはあるのだと思います。

若松　キリスト者が本来やらなければならなかった仕事を、全くキリスト教の外にいるとも言い難いけれども、非キリスト者がやっていたということが示唆的ですね。『重力と恩寵』で知られるユダヤ人のシモーヌ・ヴェーユもその一人でしょう。悪の問題と神について考え、キリスト教に近づきながらも、キリスト者にはならなかった。アーレントもまたそうした異議申し立てを行った一人です。ヨハネ二十三世に対して強いシンパシーを表現した文章が、『暗い時代の人々』（ちくま学芸文庫）の中には収められています。またもう一人、実際にはキリスト者になったエディット・シュタイン（一八九一〜一九四二）もいました。フッサールに学んだ哲学者でありユダヤ人でした。ヴェーユとアーレントとエディット・シュタイン。この三人の仕事を見直すのはとても大切なことだと思います。

そして、この三人にとても大きな影響を受けているのが須賀敦子だった。彼女はアーレントに対する発言は何もないのですが、内なるファシズムというものを放っておくととんでもないことになるという思いが語られた文章があり、それはアーレントと深く結びつくのだと思うのです。ヴェーユやアーレントのようにキリスト教に接近しながらキリスト者としては生きなかった人たちから、悪の問題をめぐって学ぶところは大きい。エディット・シュタインはナチスによって強制収容所に送られ、そこで死を遂げることになります。シュタインが直面していたのはまさに時代の悪ですね。彼女が語らなかったこと、語り得たであろうことを考えることがとても大事だと考えています。

山本　まさにそうですよね。シュタイン自身は、キリスト教信仰を理由に迫害されて殉教したわけではないので、厳密な意味では殉教者ではないけれども、カトリックに改宗したユダヤ人として、現代という時代を象徴する悪に対するキリスト教的な直面の仕方を教えてくれる深い霊的な言葉を残しつつ殺害された。そういう意味において殉教者とみなされうるわけです。

第六章
聖性

聖なるものを考える

若松　聖なるものについて考えるとき、見過ごすことのできない書物が、ルター派の宗教学者ルドルフ・オットーの『聖なるもの』（一九一七年）です。ユングとも親交のあった人物です。合理的に発達した宗教の核には非合理な直接的な体験、つまりは「聖なるもの」があるとして、その本質を「ヌミノーゼ」という鍵語によって考察したものです。絶対的な他者との遭遇は恐怖を伴うものである。しかし、それは戦慄と魅了という、相反する要素を持つ。それがヌミノーゼだというわけです。「聖なるもの」を人間の感覚において捉えたところに、この著作の大きな特徴がありました。

この本が出版されてから、すでに百年が経っていますが、今もなお影響を与え続けているのは、近代の宗教が「聖なるもの」の本質を捉え損ねてきたからだと思います。出版された背景には、「崇高」なるものの概念への関心の高まりがありました。私たちは崇高なるものに美を感じることがあります。宗教的なるものは美の問題とも深いところで接点を持っている。それと同時に、畏怖の念は聖なるものとも隣り合わせにある。ですからオットーの本は宗教学の世界だけでなく、芸術をはじめ他の分野にも影響を与えました。

「聖なるもの」をめぐってもう一つ思い出すのは、天使の存在です。新約聖書に天使が出てくるときにも、「恐れることはない」（「ルカによる福音書」第一章第三〇節）と記されているからには、天使は相当に怖いのでしょう。そうした畏怖の念を呼び覚ます「聖なるもの」の存在というのが、現代においては宗教から失われているのではないか。今はすべて人間の理解可能なものになってしまっているからこそ、そういう概念を打ち破ってくれる「聖なるもの」が強く求められているはずです。

山本　キリスト教が道徳的なものとして捉えられがちで、聖なるものに関わる場は、ミサなどにおいてもとても希薄になっていることを実感します。

若松　ところで山本さんの研究対象であるトマスを見ていても、中世哲学と神学とは不可分に思えますが、哲学と神学をどう使い分けるのですか。

山本　中世のスコラ哲学の時代においては哲学と神学の統合が目指されていたので、どちらか一つだけを見ていては、どちらも的確に捉えることができないということになってしまいます。神学と哲学の緊張関係と調和統合の両方を見ていくことが大切です。

若松　それが統合された時に何と呼ぶのですか。

山本　それは中世においては結局、「神学」です。神学と哲学の緊張関係をめぐっては、十三世紀のイタリアの神学者ボナヴェントゥラ（一二一七／二一〜一二七四）とトマスの考えを比較することによって浮かび上がってくる面白い話があります。ボナヴェントゥラは、神学と哲学の議論をワインと水に喩えて、哲学の話を神学の領域に不用意に持ち込むのは、水でワインを薄めてしまうのに等しいのだと言います。それに対してトマスは、「ヨハネによる福音書」第二章でイエスの最初の奇跡として伝えられている「カナの婚礼」の物語に依拠しながら議論を進めていきます。ワインがなくなって人々が困っている状況のなかで、イエスが水を最も上等のワインに変えたという奇跡物語です。トマスは、神学的な議論のなかで、哲学という水をうまく活用すると、水がワインへと変容し、議論の全体を最も上等なワイン（神学）へと熟成させていくことができると言ったのです。トマスは、哲学的議論を神学の領域に取り入れることによって神学的知恵はより発展するのだと考えていた。哲学と神学を対立的なものとして捉えることなく、むしろ相互に刺激を与えあって発展する関係だと捉えていたのですね。

若松　それを聞いて、いっそう思いを強めましたが、「聖なるもの」というのは、結局のところ要約し得ないものだと思うのですね。オットーは非言語的なるもの、容易に言葉を超えてくるものとどうにか向き合おうとするわけだけれども、それをやめて言語で表現できることだけを語ろうとすると、そこには「聖なるもの」の残骸しか残らない。そして現代においては、むしろそれこそが「聖なるもの」としてみなされているのではないか。本来は動的な悪と戦う力を秘めた「聖なるもの」を、人々は静的なものとみなしているように思うのです。ここでは「聖なるもの」の力動性《ダイナミズム》のようなものをどうやって取り戻していくことができるのかを考えてみたいのです。

山本　オットーは学者だけれども実存的なアプローチで「聖なるもの」への考察を深めていく。まさに自分の経験に迫っていますよね。

若松　ゲーテ（一七四九～一八三二）もまた「聖なるもの」について面白い言葉を残しています。「聖なるもの」とは語り得るのだろうか、いやむしろ、語り得ないものこそが「聖なるもの」ではないか、それこそが、恐るべき神秘であるとゲーテは言います。

「人びとは、」とゲーテはいった、「理解することも想像することもまったくできない至高の存在を、まるで自分たちと同じものであるかのように取り扱っている。そうでなければ、主なる神とか愛する神とか善なる神などと言えないだろうよ。神は、人びとにとって、ことに毎日それを口にしている牧師にとって、一つの極まり文句、たんなる呼び名となってしまい、それを口に称えるときにも上の空というわけさ。だが、神の偉大さをほんとうに確信している者がいるとすれば、うかつに口にも出せなくなって、畏敬のあまりその名を呼ぶことさえ憚るだろう。」（エッカーマン『ゲーテとの対話』下巻、山下肇訳、岩波文庫、三八頁）

この一節をオットーが『聖なるもの』の註に引用しているのです。これを読むと、ゲーテは何ものかと出会っているのは明らかです。神とは、沈黙を強いるものだというのですね。では沈黙を強いるようなものを、哲学や神学はどのように扱うのか。というのは、神学とは問いに対して直接に答えを出すものであるよりも、むしろ謎の中における導きの光であるように思うのです。山本さん個人の態度だけでなく、従来の神学や哲学は、そうした「語りえないもの」をどう捉えてきたのかということをうかがってみたいと思ったのです。

山本　キリスト教には否定神学というものがあります。肯定的な命題を作ることによって神について積極的に語るのではなく、神には当てはまらないことを一つ一つ否定していくことによって、間接的に神へと肉薄していこうという立場です。神は悪ではないとか、神は物体でない、というように、「○○ではない」という否定形で神のことを語っていこうとする立場です。人間の言語や、神についての知識の限界といったものを強調する人たちが、そうした立場に立つわけです。トマスがどうかと言えば、否定的な方向だけでなく肯定的にも人間は神について語ることができるのだということを強調する人なのですが、トマスも最後には沈黙してしまうのです。神は言語を超えた存在であるということを強調する面と、徹底的に言語で神を語っていこうとする姿勢とが共存しているところにトマスの面白さの一つがあります。

若松　人は、言葉に触れながら、同時に言葉たり得ないものにふれている。文学という名に値するのは、言葉によって言葉たり得ないものを表現しようとする営みだと思います。私にとってアウグスティヌスはとても大切な先人なのですが、彼の言葉を読んでいるとそういう思いを強くします。彼が語りたいことは、ここで語られていることの奥にこそあるのだと。

トマスですら、語り得ないことを語るために言葉を尽くしているという印象を持ちます。言葉で語ろうとしても語りえないもの、それこそが叡知だと思うのですが、トマスやアウグスティヌスのそうした態度には目を向けず、まるでエビデンスを読むかのように『神学大全』などをなぞっていくと、何か「聖なるもの」が剝がれ落ちてしまう気がします。

山本　トマスは『神学大全』において、信仰とは最終的には言語的命題を信じることではなく、言語的命題が触れようとしている何ものかを信じることだと言っています。キリスト教の信仰といえば教義を信じることのように思われがちだけれども、そうではないと言っているのです。簡単に言語化し尽くせるものではなく、それを超えた何ものかこそが信仰の対象になるわけです。

再び「理性」と「神秘」を考える

若松　山本さんの『トマス・アクィナス　理性と神秘』の書名にあるように、「理性」と「神秘」はどちらもなければならないもの、ということですよね。「理性」には「神秘」が必要で、「神秘」には「理性」が必要であるような、積極的な相互関係であるということでしょうか。

山本　そうですね。「神秘」が「神秘」として現れるには「理性」がなければならない。「理性」に開示されることによって、「神秘」は独自の論理構造をあらわす。「神秘」に触れることによって「理性」はそれまでにない開花をする。どちらも、もう一方のものを前提にしているのです。

若松　近代の宗教には、「理性」と「神秘」とは拮抗するものだという捉え方が強く、どちらかといえば「神秘」に蓋をして、理性的なる側面を強める方向に行ったように思うのです。そのために、深まりゆく豊かさが失われてしまったことは否めない。

話が飛ぶようですが、例えば「兄弟」という考え方があります。この言葉をめぐって、まさにそのことを思うのです。宗教の世界というものは、自分の兄弟姉妹を見捨てるような、世を捨てて悟りを開くようなものではなく、むしろ外に開かれることによって深まるところがある。決別するのではなく、より開かれていくことでより自分の家族との関係も深まっていく――イエスはまさにそういう関係の神秘と呼ぶべきものを語ろうとした。さらには、イエスの言う兄弟とは必ずしも血縁にとどまるものではなかった。

山本　新約聖書で「兄弟」と訳されている言葉は、現代の日本語の「兄弟」よりは広い意味で、従兄弟なども含んだ親族ということですね。

若松　狭い意味で字義的に捉えるか、もっと広く捉えるかは、未来につながるきわめて重要な問いです。キリスト教の可能性をより深く考えていくためにも、もっと時間軸をとっぱらって、死者と生者の世界を貫く関係としての兄弟をも考え得るはずです。それなのに、血縁を同じくする兄弟の意味に兄弟の一語を狭めてしまってはもったいない。

これは個人的な経験ですが、私は「兄弟」という言葉をずっと開かれたかたちで考えてきた。しかし、これを字義通りに肉親としか捉えない人と話す機会があって、少しの間まったく話がかみ合わなかった経験があるのです。

宗教的言語と普通の記号的言語との間に広がる溝というのは、思いのほか大きい。語らないで語ろうとする幅が宗教的言語は非常に大きいのですね。宗教的言語というものは、言葉の狭い意義にとどまらず、一気に体験して深めてくることを求めてくる。聖書学の研究というものは、どうしても前者の方へと先鋭化しがちで、その必要性も理解できるけれども、それだけでは十分ではない。「兄弟」の一語に関していえば、戸籍的な意味に限られた兄弟という概念と、時代すら超えてゆくもっとずっと広がりをもった新たな「兄弟」という視座。この融和に新しい道へと続く何かを感じます。

山本　トマスにはアナロギア（類比）という概念があります。日常的言語と超越的なものについて語る言語との連続性、非連続性の双方を認めようとするものです。例えば、「この机は善いものだ」と言うときと、「神は善いものだ」と言うとき、それぞれの「善い」のニュアンスは全く同じではないけれども全く異なるものでもない、宗教の領域を日常世界と全く別のものにしようとはしないけれども、かといって日常的な世界に還元しようともしないという、とても微妙なバランスを取ろうとしているのです。

若松　「聖なるもの」が主題になる時に、その微妙な均衡は大変重要です。たとえば、「聖なるもの」はときに音のような姿で顕われる。そこには音量で換算できるものだけでなく、音の密やかさもあって、音がまったく聞こえない状況にもなりうると思うのです。すなわち、静寂という「音」の状態もある。

では宗教から「聖なるもの」を除くと、何が残るのか。いまは「聖なるもの」が残っているのか。近代以降の宗教が「聖なるもの」をある密度で告げ知らせているかというと、それは簡単には肯定できないという思いに駆られます。

山本 その次元がやはり大きく欠落していると思います。話を繰り返すようですが、人間が宗教に「心の安心」のみを求めようとするとき、つまり人間が自らの欲求を軸にして宗教に近づこうとするとき、そこに「聖なるもの」は立ちあらわれにくいのです。

若松 それは非常に二十世紀的な出来事かもしれないですよね。ユングはオットーと親交を深めた。二人はエラノス会議の創設に深く関わっています。オットーは健康上の問題で出られませんでしたが、この会議の参加者たちに共通しているのは、分野は超えるためにあるという認識です。心理学、宗教学、ことに宗教現象学という領域のしばりは、彼、彼女らのなかでは開閉自在な扉のようなものにすぎなかった。しかし、現代の心理学も宗教学も、聖なる世界があると信じながらも、心理学は全体としてどんどん安心の方へと行った。より扱いやすいものに還元してきたという気がします。そして宗教はどこかで、「聖なるもの」が失われることのない最後の砦であると、タカをくくってきた。でもそんなことはなくて、気づけば宗教においてさえも「聖なるもの」が見えなくなってしまったのだと思います。そうなると、聖書すら読みにくくなってくる。

山本 オットーの言う「魅惑する神秘」、あるいは「戦慄すべき神秘」、という感覚などは、現代において福音書を読むときなどにも欠落しがちな視点かもしれません。

若松　聖性を認識する感覚というものが、現代はとても小さくなっている、もしくは鈍くなっている。そうなってくると悪ははびこりやすくなるのだと思います。

山本　元来キリスト教は、ある意味で非常に驚くべきことを語っていると思うのですね。「神が人となったのは人が神になるためであった」などと聞くと、大半の人は驚くのではないでしょうか。人間というものが普通考えられているよりもはるかに大きな可能性を持っている存在であって、信仰によって神の生命を生き始める、神と深く一致したあり方が実現するのだ、と言われても、それはキリスト者でない人にはやはり摑みづらい、大きな謎だと思うのです。聖なるものと人間とが結合し得るのだという次元、それはキリスト教の信仰を持っている人においてさえも希薄になっているということも言えると思います。

若松　そうですよね。「聖なるもの」をこの世にもたらし得るのは神だけだと思うのですが、このことすらも相対化されているような気がします。本当に「聖なるもの」が見失われると、聖らしいものがかわりに生まれてくる。いつしかそれが正しいとなると、「聖なるもの」を見失うことは神の姿を見失うことにもなる。神とは違うものを神として求め始めるということにならざるをえない、そして問題は再び悪に戻っていくのではないでしょうか。

山本　岩下壮一の『信仰の遺産』から、「成聖（SANCTIFICATIO）の神学」という章を読んでみたいと思います。

この最後の言葉、成聖の聖寵に由り神の生命に与《あず》かることが、真に我等の永遠の生命なりとの信念は、内的生活が人間生活に於て最上価値を有することを肯定するものである。近代思想のドグマの一たる人間能力の無際限発展可能性は、このキリスト教の信仰の畸形化にすぎない。(『信仰の遺産』、岩波文庫、三二二頁)

神のはたらきかけによって人間が神と深く結びつくということ、神の聖性に人間が分け与かっていく、そういう可能性を一人一人が持っているところにキリスト教のメッセージの根幹があるのだというわけです。近代になってから言われるようになった、人間には無限の発展の可能性があるというようなことは、このキリスト教における人間と神との一致の考えが世俗化したものだ、というわけですね。

若松　そのあとに、「キリスト教の理想は超人ではなくて神人である」、という一文が続きますね。この一文はまさに、そうした世俗化を戒める文章として読めますね。「神人」という言葉をもう少しかみくだいて言うとどうなりますか。

山本　「神人」とは誤解を招きかねない言葉ですが、「神のような人」という意味ではありません。キリスト自身が神であり人である、つまりキリストは「神」であり同時に「人」である存在だという意味です。古代末期の教義論争の結果として、キリスト論に関して、このような教義が成立したのです。そして、キリストのなかで「神」と「人」とが深く一致しているように、キリスト以外の人間も、キリストと同じになることはできないにしても、神と不可分な深い一致にまで至ることができるのだということが、「神人」という発想のうちには含意されているのです。

若松　宗教とは神から与えられし何かであるにもかかわらず、人間が作り出したものであるかのようにすら捉えられているのではないか、宗教とは大いなるものの教えなのに、人間が理解した一部のものだけを宗教と呼んでいるのではないかという懸念があるのですが、どうでしょうか。

山本　それはとても重要なところですよね。宗教を信じるという言い方は、私は好きではないのです。そうではなくて人間にメッセージを語りかける神を信じるということだと思うのです。というのも、宗教とは人間の構築物ですから。もちろん真正な宗教であるかぎり、神や仏といった何らかの超越者の教えに依拠しているわけですが、「宗教」を信じることが「神」を信じることとイコールではないということを自覚しておくことは極めて重要です。

若松　まさにそれゆえに、宗教を信じることと神を信じることとがイコールであると思うために、「聖なるもの」が見失われてしまうのだと思うのですね。人間の構築物である宗教を信じていくのだったら、「聖なるもの」はいつか、そこからは抜け落ちてしまう。「聖なるもの」は人間が創りだすことはできないから、自ずと除外されていってしまうのだろうと思います。

悪とどうやって闘うか——貧しさを取り戻す

若松 最後に、どうやったら悪と闘っていくことができるのかという問題が残りますね。そこで私は「小さくなること」を考えてみたいと思います。越知保夫の文章からです。

だがしかしランボオが現実に世界に帰るために嘗めねばならなかったあの苦しみは何を意味するのであろうか。そして彼を最後に世界に連れ戻したものは、貧しさhumilitéではなかっただろうか。ジルソンは、我々を神と世界へ導くものはロゴスであると言うのであろう。そしてロゴスの声にしたごうことがhumilitéであり、それが復帰retourということである。それ故、復帰は、決して超越の否定ではない。復帰することは超えることなのだ。それは自己を超えて世界へ帰ることなのだから。ガブリエル・マルセルは、時間の超越という問題について、こう言っている。我々に時間を超越させるものは、プルウストが誤って考えたように、記憶ではなくして、忠節fidélitéである、と。

fidélitéにも試練の夜がある、だが、彼は暗黒の中で彼を支えてくれる手のあることを信じ、それに自分を委ねている。ルウジュモンは十字架のヨハネの美しい言葉を引用している。「私は上へも下へも引かれはしない。私は私の humilité の中心にいる。」（越知保夫「好色と花」、若松英輔編『新版　小林秀雄　越知保夫全作品』所収、慶應義塾大学出版会、一四二頁）

貧しさの中心にいること、そこで人は聖性と出会う、というのですね。貧しさということはつまり、欠落というよりも不完全ということだと思います。神に埋めてもらわねば埋まらない存在であるということの自覚が貧しさです。そう考えると、貧しさの中心にいるということと聖性とはとても近いことだと思うのです。聖性の復権とは、すなわち貧しさの復権であるというか、貧しさに帰っていくことではないかと考えているのです。お金を持っているかどうかは現象的なことなので、ここでいう貧しさには含まれないけれども、貧しきものは幸いだというのは、貧しさとは聖性に満たされていく過程ということなのではないか、とこの文章を読んで思ったのです。

山本　越知さんが、humilité を「貧しさ」と訳しているのは非常に象徴的だと思います。humilité はキリスト教思想のなかではとても大事な言葉で、ラテン語ではフミリタス(humilitas)、日本語でいう謙遜に当たるものです。日本語でいう謙遜とは、謙《へりくだ》る、自らを下に位置づけるというイメージだと思いますが、トマスがフミリタスについて語るときには、それは自分のありのままの姿を認めることだというのです。というのも、過度にへりくだるような人がいるとき、むしろこの人は自分のことをなにか特別な存在だと思っているのではないか、という不自然な印象を多くの場合我々は抱くのではないかと思います。ある程度何かの分野で能力を発揮しているような場合、その能力を自身で認めることこそが、かえってフミリタスだという捉え方もあるのですね。「聖なるもの」と人間との関係を捉えるときに、聖なるものとの関係において人間が自分のありのままの姿を見出していくことは、ここでいう「貧しさ」であると同時に、与えられて持っていることの豊かさの発見でもあると思います。

若松　この越知の文章を読んで、私は〝敬虔〟というサブタイトルをつけたいという思いにかられました。敬虔であるためには人は humilité 貧しさを見つけていかなければならないし、貧しさが見つかれば忠節 fidélité も見つかるだろうと思うのです。貧しさと敬虔、忠節というのは同じものをめぐる三つの異なる表現だと思いますが、まさにそういうものを取り戻していかなければならないのではないでしょうか。というのは、現代人は豊かになることを目的に生きてきたからです。でも、むしろ今は、「貧しさ」を取り戻していかなければならない。

また、いまは自由ということ、誰にも束縛されないことを求めて生きている人が多いと思いますが、そうではなくて、ある不自由さの中に真の自由を見つけていこうとすることが大切だ、とも言えるのではないでしょうか。「真理はあなた方を自由にする」という言葉が「ヨハネによる福音書」のなかにありますが、その実現のためにも、貧しさの復権は喫緊の課題ですし、それは日常的な行いでもあると思います。

山本　そうした考えに基づいたうえで、個人のレベルを超えた社会的レベルで悪と対決していくためにはいったいどう発展させていったらいいのでしょう。

若松　価値というものをものの量的な大きさで測らないことだと思いますね。換算可能なものとして計算するような体系に抗していくことではないでしょうか。

山本　もちろん、すべてを対象化して計量化していくことによって、善なるもの、そして神が失われていくことは自明なことですよね。

若松　私たちは聖人たり得るかと聞かれたら、山本さんはどう答えますか。

山本　難しい問題ですね。まず聖性とはそもそも自分で決めるものではないですから。でもカテキズムに聖性についての記述があるように、万人に聖性の道が開かれているというところに、キリスト教元来のメッセージの中心があるとも思うのです。酒もタバコもやらない真面目な人というような単なる道徳的なイメージにとどまるものではなくて、万人が神との深い関係を結ぶ聖性に招かれているというところに中心的なメッセージがあることは間違いありません。

若松　選ばれた人がその道に連なるのではなく、その道は万人に開かれているということを鮮明にしていくことがキリスト教に求められているのだと思うのです。「マタイによる福音書」（第一六章第一九節）の中には、イエスが弟子たちに言った「あなたに天の国の鍵を授ける」という言葉がありますが、天の国への鍵を授けられている者ひとりだけが扉を開けることができるというのであれば、その天国への扉はすぐにしてしまうでしょう。でも現実には、みんながずっと扉の前で待っているのだと思うのですね。列を作って並んでいる一人ひとりを天の国へと導くのがキリスト者の本来の役割であって、仏教でいう阿弥陀の化身である菩薩のような役割にも等しいのだと思います。私が聖なる者なのです、と体現するのは難しいけれども、イエスの開いてくれた道とは、万人に開かれた聖なるものへと連なる道であると語っていかないと、「聖なるもの」から遠ざかるばかりだという気がします。

聖なる探求とは古典を読むことである

若松　明日からできる聖性の探求とは何でしょうか。

山本　聖性が表現されている古典的な書物を読むことがきわめて重要だと思います。アウグスティヌスの『告白』などもいろんな読み方ができる本ですが、この本は、聖書をどう読んでいいかわからなかったアウグスティヌスが少しずつ聖書の読み方を見出していくプロセスとして彼の半生が描かれている、とも読めると思うのですね。ものを読めるようになるという経験は非常に重要です。一見迂遠なようにもみえますが、古典を解読していく作業そのものが聖性との出会いにもつながっていく。遠回りに見えていちばん近いのが、本とりわけ古典を読むことではないかと思います。

若松　ただ、それを妨げているものがあるから、聖性の顕現、ミルチャ・エリアーデが言う「ヒエロファニー」が起こりにくいのだと思いますが、遠ざけているものは何でしょうか。

山本　相当根は深いのだと思いますが、そもそも神や聖性などというものは昔の人たちが言っていたことに過ぎず、いまやまったく現実的なものではないというのが多くの人の実感なのではないでしょうか。

若松　アウグスティヌスの『神の国』などを読むと、彼が時代と闘っていくさまが見てとれます。アウグスティヌスは叡知の人でもあるけれども行動の人でもあり、そして沈黙のうちに聖性を体現し得る存在の人でもあった。『神の国』は、「聖なるもの」がいかに悪なるものと闘うことができるかを描いた記録の本でもありますよね。『神の国』や『告白』といった本にそれが見てとれるにもかかわらず、では今こそ読まれなければならない、という機運が生まれないことのほうに問題があるのでしょうね。聖性を見失いつつあるならば、古典という言葉の場に帰っていこうとする道も、キリスト教会においても見失われつつあるのかもしれませんね。

山本　そうですね、日本の場合にはそもそも、キリスト教はまだ始まったばかりだという見方も紹介しました。キリシタン時代から数えてさえキリスト教の歴史はまだ五百年にすぎない。キリスト教の古典などは日本に入ってきてからまだ非常に日が浅いわけです。そう考えると、トマスの時代に千五百年以上前のアリストテレスがとても新しい現代思想として登場したように、我々にとっても、アウグスティヌスやトマス・アクィナスなどは、うまく紹介することができれば、いまにおいて非常に新しいものとしてインパクトを与えうるという気がします。

若松 それは大賛成です。先日（二〇一八年九月）、奈良国立博物館で「糸のみほとけ」という展示を見てきたんです。その中で大変すばらしかったのは、飛鳥時代に作られたと思われる「刺繡残欠」と題された、刺繡が断片になったものです。ある人から見ればぼろきれでしょうが、それらは本当に美しかった。かたちを失ったがゆえの美というものがある。本当に美しいものは時代とともに生まれ変わっていくのだと思いました。古くなることが美を深めるということもある。ヘラクレイトスの「万物は流転する」という言葉のように、永遠に新しい意味を与え続けてくれるものです。

アウグスティヌスやアリストテレスの哲学や思想も、彼らの時代では誰も感じ得なかったことが、古くなればなるほどかえって今になって新しくなっていくというところはあるはずです。今になってそこに大きな意味を見出しうるということがある。それは芸術だけでなく古典もまたそうだと思います。時代が古いから古いということではなくて、単にきちんと読まれていないだけで、読まれていない古典の中にまだ見ぬ新しさを見出す余地はたくさんあるのだと思います。

山本 本当にそうですね。古典の解説書のようなものが、かえって古典への道を塞いでいるところがあります。アウグスティヌスの『神の国』なども、およそ多くの解説書には、歴史哲学の初めての本であり、神の国と地の国との争いによって歴史は発展するものと考えて、神の国は教会に典型的なものとしてあらわれ、地の国はローマ帝国に典型的なものとしてあらわれるとアウグスティヌスは考えた、と書かれている。確かにそれは間違いではないけれども、アウグスティヌスを読むともっと非常に微妙なニュアンスでもって書かれている。我々は善と悪が入り乱れて見通すことができないような状況のなかに生きていて、誰がどの国に属しているかというのは、世の終わりになってはじめてわかってくるのだ、ととても洞察力に富んだことが言われているわけですね。

若松 結論など二分できるようなわかりやすいものではなくて、むしろ結論の出ない混沌としたもののなかで問い続けなければならない、ということを迫ってくるわけですよね。Aが正しいBが嘘という解答らしきものは一切出てこない。だから解答らしきものが出てきたら警戒するという態度をも学ぶことができる。そういう物事に思いをめぐらせている一方で、自分を賭けていくという闘いの態度をも見て取れます。信仰とはまさに、自分を賭けていくしかない出来事だ、ということがまざまざと立ち現れてくるのです。

聖なるものとは美である

若松 ところで、もう一つ考えていた「聖なるもの」と密接に関係しているのが、先にもふれましたが「美」です。「聖なるもの」にふれ得るとしたら、やはりそれは「美」

を通じてではないかとも思ったのです。柳宗悦に、「美の召命」というあまり知られていない文章があるのですが、そこで柳は、真に美しいものは不可視な文字で記された書物だというのです。

かく想えば工藝にも数々の福音が読まれるではないか。その美が教えるところは宗教の言葉と同じである。美は信であると云い得ないだろうか。正しき作を見る時、そこにも説くなき説法が説かれてある。一個の器も文字なき聖書である。そこにも帰依や奉仕の道が説かれてある。救の教も読まれるではないか。（「美の召命」、『柳宗悦全集』第一八巻所収、筑摩書房、二八頁）

この言葉はじつに重要な警句です。美を見失う者は、不可視な文字を見失う者だというのです。そこにおいて、真善というのがこの時代において力を持っている、美が力を失っているように思われる。しかし、言語だとぶつかってしまうような問題とは違う地平を美は開くことができるのではないか、という考えを語っています。美の世界では、他者と共存しつつ、言語では越えてゆけない問題をも開いていける可能性がある。柳がいうように、「美」を統合しながら進んでいきたいと思いますね。

山本　真善というのは人間が捉えるもの、でも美とはそうではないもの、むしろ美の方が人間を捉えてくるのだ、とも言えますよね。

旧約聖書の「創世記」の第一章には、六日間で神が全世界を創造する有名な話があります。その最後に、「神はお造りになったすべてのものを御覧になった。見よ、それは極めて良かった」（第三一節）という一節があります。この「良かった」と訳されている言葉は、ヘブライ語のトーブという形容詞です。旧約聖書が、紀元前三世紀から一世紀の間にヘブライ語から古代ギリシア語に訳されたときに、この言葉は、カロス、すなわち「美しい」と訳されました。「神によって創造された全世界は極めて美しかった」という意味になる。神の作ったコスモスが「極めて美しかった」、というのは、まさに「極めて美しい」世界観だと思います。神的な世界を感受することと「美」とが極めて深い関係にあったということの現われだと言えるでしょう。

若松　柳はそれを「不二の美」と表現しました。

山本　美（カロス）とはカレオー、つまり「呼ぶ」という意味の動詞に由来しているのだという語源説があって、古代の教父たちによって頻繁に語られてきました。これはとても面白いと思います。美には、そういう意味で宗教的なものとつながるところがあるはずです。「美」も「神」も、人間の側がそれらを求めるだけでは何も始まらず、むしろ、それらのものからの呼びかけを感受することによってすべてが始まっていく。もっと言えば、人間の側がそれらを求めるということ自体が、それらのものからの呼びかけや促しの一つの現われであり応答であるとも言える。

若松　美しいものを人々に届ける、聖性が伏在する美しいものによって開かれていくというあり方は宗教においてとても重要だと思います。

話がそれるようですが、天理教の本部にある教会がじつに美しいんです。初めて見たときに、現代のカトリックの教会と無意識に比較してしまい、とても複雑な思いになりました。ある意味では天理教はまだ原始教団ですから、教祖から発せられる信仰の熱が今もまだ熱い。かつてはさらに熱かったでしょう。大事なものがまだ美のなかで守られていると思いました。一方でキリスト教は二千年もの長き歴史の中にあって、大切なものを何かにすりかえてきてしまったのではないかという疑念がぬぐえない。美しさにおいて疑問符がつくところがある。

たとえば、教会での祈りの言葉も、「天にましますわれらの父よ……」というなじみ親しんだ祈りから、簡単なものに、意味が分かりやすいようにと古語の響きをなくしてしまった。このことにも、その端緒を感じます。美しくなければ、響きが美しくなければいけないはずなのに、いまやそれは古文の現代語訳にも等しいものになってしまった。

現代語訳は必要です。それは理解のために。しかし、祈りはその奥にあるものです。古語の響きの中に全身で感じ得ていた聖性や美しさが、知的に分かるものへと置きかえられることによって、失われたように思います。そうしたとき、聖性をどこに見出したらいいのか。信仰が身近な人にとっては聖性とは祈りの中にあると思うのですが、その祈りの世界すら外側から変えられてしまっているのが現在なのではないかと悲観的な気持ちになることがあります。

山本　古い祈りのほうが身体に入っているということがあるわけです。身体に入っているものを変えるというのは慎重さがあまりにないと思います。

若松　いったいなぜ、誰に意見を聞いて変えてしまったのだろうかと思います。ミサもかつてのほうが圧倒的に美しかった。

山本　祈りの言葉もそうですが、手垢のついた現代語で訳されたテクストを、もう一度原典に立ち戻って理解しなおすことが、「聖なるもの」に直面するひとつの手がかりだと思います。教会とはギリシア語ではエクレシアといって、「呼び集められたもの・呼び出されたもの」、という意味なのです。「〜から」という意味の「エク」と「呼ぶ」という意味の「カレオー」が結びつき、それが活用し名詞化されたのが「エクレシア」なのです。「美しい」という意味の「カロス」も「カレオー」に由来するという語源説を採用すると、美、呼ぶ、教会という三つの言葉は到底日本語においては結びつかないけれども、ギリシア語に立ち戻ってみると、すべてが結びついている。神の美によって呼び集められた者たちの集まりというとても美しい連なりがあります。

若松　まさに、いまの話はキリスト教の風景には欠けたものを列挙してくださったようです。繰り返しになりますが、過度に分かりやすくすることは信仰生活を狭めることになるのだと思います。補助線としては、知的理解は必要です。しかし、すっかり取り替えてしまっては、大切なところへ戻れなくなってしまう。信仰の原点を見失ってしまう。それは、神は人間がその全貌を知り得ない存在であるという地点です。単に分かりやすくすることには、とても慎重でなければならない。言葉とは何か、祈りとは何かを今一度全身で考えなければならないと思います。

山本　聖書にしても、やはり昔の文語訳のほうがはるかによかったですからね。「イエスは言われた」という聖書に繰り返し出てくる言葉ひとつにしてもそうです。「イエスは言った」に比べると、丁寧にしたように思われる反面、イエスが誰かから何かを言われたという受動的な意味にも聞こえかねない。「イエズス曰《のたま》へり」「イエス言ひたまふ」という文語訳の格調には及ぶべくもない。文語訳の力強さは捨て得ないですね。私たちがお世話になった井上神父のミサには聖性がありました。

若松　本当にそう思います。霊的にも広く深さがあった。宗教、いまのキリスト教が考え直さなければいけない最重要の問題は、やはり聖性だという思いを深くします。

あとがき——回心を準備する

日本におけるキリスト教は、まだ「若い」。フランシスコ・ザビエルの来日を基点にすれば、ずいぶん長い時間が経過しているではないかというかもしれない。しかし、日本ではちょうど、近世に当たる時代はキリスト教の禁教の時期だった。この期間でも信仰を守った人々はいて、完全に血脈が途切れたわけではなかったが、広く日本全土でキリスト教が根を下ろすことにはつながらなかった。私たちがキリスト教を再び受容したのは明治維新以後である。

目印となる出来事は幾つかある。一八六五年の長崎、大浦天主堂でのキリシタン発見、あるいは一八七七年、内村鑑三、新渡戸稲造が札幌農学校で「イエスを信ずる者の誓約」に署名したのもその一つに数えることができるだろう。

キリシタン発見から数えても、私たちのキリスト教の歴史は一五〇年ほどでしかない。内村鑑三にも同質の自覚があった。英語で書かれた『代表的日本人』がドイツ語に訳されたとき、彼は自らに回心が訪れるまでの経緯にふれ、次のような一節を書いている。ここでの「回心」は、キリスト教への入信だけを意味しない。入信は無数にある回心の始まりに過ぎない。誤解を恐れずにいえば、入信と回心が折り重ならないこともある。

「本書は現在の私自身を述べたものではありません。キリスト者としての今の私が、接ぎ木させられた、もとの台木を示すものであります」、また「神の選びの業は、わが国民のうちに二千年以上も昔から働いていたのであり、ついに私も、主イエスキリストの僕として選ばれることになったのであります」と書く。土に切り花を刺すようにキリスト教を受容したのではなかった。二千年の歳月を費やし、大地に深く根を下ろした日本的霊性という樹木に接ぎ木されたというのである。さらに内村は「私は、宗教とはなにかをキリスト教の宣教師より学んだのではありませんでした」と述べ、こう続ける。

「その前に日蓮、法然、蓮如など、敬虔にして尊敬すべき人々が、私の先祖と私とに、宗教の真髄を教えていてくれたのであります。何人もの〔中江〕藤樹が私どもの教師であり、何人もの〔上杉〕鷹山が私どもの封建領主であり、何人もの尊徳が私どもの農業指導者であり、また何人もの西郷が私どもの政治家でありました。その人々により、召されてナザレの神の人の足元にひれふす前の私が、形作られていたのであります。一人の人間が、ましてや一国民が、一日にして回心させられるものなどと考えてはいけません。真の意味での回心とは、何世紀をも要する事業なのです」（鈴木範久訳、岩波文庫、一八一—一八二頁）

本書でカール・ラーナーが提唱した「無名のキリスト者」という視座にふれた。内村の前に西郷、鷹山、二宮尊徳、藤樹、日蓮は皆、「無名のキリスト者」として顕われた。こうした言葉を残しているのは内村だけではない。若き日、内村に出会いながらもその門を離れカトリックになった吉満義彦にも同質の言葉がある。吉満も千年の歴史をさかのぼりつつ、日本におけるキリスト教の文化内開花の可能性を探る。

「過去一千年余の日本精神文化における仏教のなした意味を聖徳太子や弘法大師、その他鎌倉時代前後の日本精神史上に永久に輝く幾多の偉大な宗教的天才の例についてここに思いあわせてみても、来たるべき世紀におけるキリスト教的霊魂の大いなる開花結実をまさに超自然的飛躍において考え見る」、それは「私たち日本人にとって限りない希望の夢であり、神の摂理の今後の世界史的展開が過去の二千年間のそれに決してその奇蹟的讃美においてまさるともおとることなかるべきを思う」というのである。さらに彼は次のように言葉を継ぐ。

「その点で私たちは私たちとして、日本文化特にその魂の生命文化のために特別にも、キリストの愛にかられた祖国と同胞への愛の今日における今後における緊急なる使命を思うのであります」（「マリタン先生への手紙」、『吉満義彦全集』第五巻所収、講談社、一四五頁）。若き日、吉満はフランスにおいて当時、思想界の最前線にいた人々に哲学を学び、ラテン語をはじめ、複数の外国語に通じていた。国際性という点では、今日もなお、カトリック哲学で彼を凌駕する人物は出現していないように思われる。そうした彼も「日本文化特にその魂の生命文化のため」、「キリストの愛にかられた祖国と同胞への愛」を現実のものとすることが「緊急なる使命」だというのである。内村と吉満の言葉は今も生きている。本書は、今日における「緊急なる使命」に参与し得るものであることを願っている。

発言者の二人のほかにも、この本の誕生に精力を注ぎ込んだ人たちがいる。編集者の鳥嶋七実さんは、世にいう編集の領域を大きく越えた創造的な参与の仕方でかかわってくれた。そのほかにも校正者、装丁家の尽力がなければ言葉が本になることはなかった。また、直接参与しなくても、有形無形の支えを送ってくれる人々もいた。彼、彼女らも同志であり、本書の完成を共に喜ぶと同時に、この場を借りて、心からの感謝を送りたい。

二〇一八年十一月十一日　人生の同伴者との出会いを記念して

若松　英輔

ブックリスト

270 ～ 282 ページ上段：山本芳久選
282 下段～ 294 ページ：若松英輔選

入門書・概説書

C・S・ルイス『キリスト教の精髄』
(柳生直行訳、新装版、新教出版社、1994年)

『ナルニア国ものがたり』の著者として有名なルイスによる、世界で最も読まれている、機知に富んだキリスト教入門。本書の原題は *Mere Christianity* であるが、この場合の mere という形容詞は、「純粋な、混ざり物のない」という意味である。世俗化した現代世界に流布している耳触りのよい様々な世界観に妥協することなく、伝統的なキリスト教の混ざり物のないエッセンスをわかりやすい言葉でえぐり出した本書は、絶好のキリスト教入門書となっている。

井上洋治『余白の旅——思索のあと(井上洋治著作選集 2)』
(日本キリスト教団出版局、2015年)

遠藤周作の親友であった井上洋治は、日本人がキリスト教を信じうる可能性を徹底的に思考し、生きぬいたカトリック神父。キリスト教との出会いと違和感、そして独自のキリスト教観の形成までを自伝的に著した本書は、神父の第一作である『日本とイエスの顔』と合わせ、日本人にとってのキリスト教の最善の入門書である。

フィリップ・セリエ『聖書入門』
（支倉崇晴・支倉寿子訳、講談社選書メチエ、2016年）

一七世紀フランスの文学・宗教思想を専門とする著者が、旧約聖書と新約聖書の全体について、簡便でありながら掘り下げた手ほどきをしてくれる名著。聖書と関連する美術や文学や映画についても具体的な作品に基づいた解説をしてくれているため、聖書のみではなく、キリスト教文化全体に対する入門書ともなっている。

A・E・マクグラス『キリスト教神学入門』
（神代真砂実訳、教文館、2002年）

キリスト教神学を体系的に学びたい初学者にうってつけの教科書。八百ページを超える大著だが、初学者に対する配慮に溢れた分かりやすい筆致で書かれている。古代から現代に至る神学思想史と、神論・三位一体論・救済論・教会論といった各論を総合的に学ぶことができる。

稲垣良典
『現代カトリシズムの思想』
（岩波新書、1971年）

西洋中世で栄えたスコラ哲学は、中世で終わってしまった過去の知的営みに過ぎないのではない。現代においても、神・世界・人間について考察するさいに多くの手がかりを与えてくれる。このような観点からスコラ哲学を背景とした現代カトリシズムの思想について詳述されている本書は、現代のカトリック思想についての最良の入門書である。

ティモシー・ウェア『正教会入門　東方キリスト教の歴史・信仰・礼拝』
（松島雄一監訳、新教出版社、2017年）

我が国においては、カトリックやプロテスタントに関しては既に多数の書籍が刊行されている。だが、カトリックやプロテスタントのような西方教会とは異なる東方正教会については、本格的な書籍は少ない。その意味において、東方正教会についての信頼に足る本格的な概説書である本書が翻訳刊行された意義は大きい。

基本文献

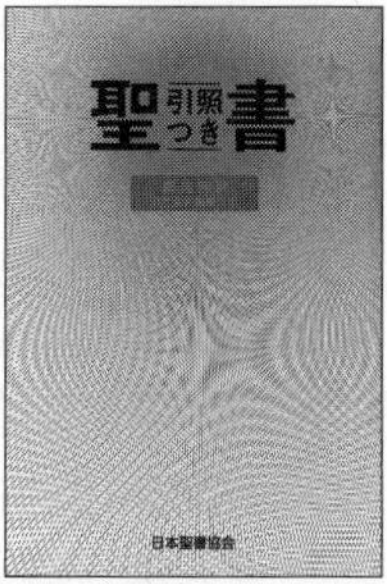

共同訳聖書実行委員会編『聖書　新共同訳　旧約聖書続編つき　引照つき』（日本聖書協会、1998年）

聖書の日本語訳には様々なものがあり、それぞれ一長一短である。複数の訳文を見比べながら読むことをお勧めする。あえて一冊選ぶとすれば、カトリックとプロテスタントの協力の下に訳された「新共同訳」だが、「新共同訳」にも様々な版がある。聖書の相互参照箇所が分かる「引照」および、カトリックでは聖典扱いされている「旧約聖書続編」の付されているものがお薦めである。

『新共同訳　旧約聖書注解Ⅰ－Ⅲ』『新共同訳　新約聖書注解Ⅰ－Ⅱ』（日本キリスト教団出版局、1991－1996年）

ラテン語に、Sacra scriptura sui ipsius interpres（「聖書は自己自身の解釈者である」）という格言がある。聖書を解読するための最大の手がかりは聖書自体の様々な箇所を繰り返し読むことのなかにこそあるという意である。とはいえ、優れた聖書注解書を読むことによって得ることのできる洞察には多大なものがある。注解書は枚挙にいとまがないが、まずは、図書館などで本書を手に取るところから始めてほしい。

日本カトリック司教協議会教理委員会訳・監修『カトリック教会のカテキズム』
（カトリック中央協議会、2002年）

「カテキズム」とは、キリスト教の教えを簡便に要約した解説書のこと。一九九二年に刊行されたこのカテキズムは、カトリック教会の最新のカテキズムである。カトリックの教えやその現代的な適用を体系的に知るための最も権威のある優れた書物。アウグスティヌスやトマス・アクィナスなどからの引用も頻出するので、キリスト教古典への最善の入り口にもなる。

大貫隆、名取四郎、宮本久雄、百瀬文晃編『岩波キリスト教辞典』
（岩波書店、2002年）

キリスト教について的確に理解するためには、普通の辞書には出てこないキリスト教の用語を過不足なく説明してくれる辞典を手元に置いておくのが好ましい。かなり多くの辞典が出ているが、『岩波キリスト教辞典』は、ハンディーで、かつ、神学用語についての程よく掘り下げた叙述が展開されており、最もお薦めできるものである。

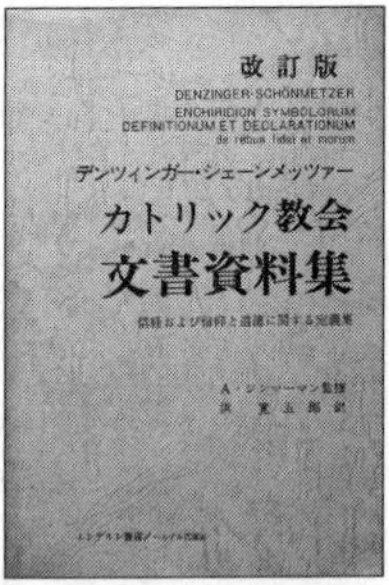

H・デンツィンガー編、A・シェーンメッツァー増補改訂『カトリック教会文書資料集：信経および信仰と道徳に関する定義集』（浜寛五郎訳、改訂4版、エンデルレ書店、1992年）

デンツィンガーは、ドイツのカトリック神学者。『カトリック教会文書資料集』を編纂し、教会史のなかの重要な信条や定義、回勅などを一冊にまとめた。古代から現代に至る教会公文書のエッセンスとも言える同書は、後にシェーンメッツァーとフナマンによって改訂され、キリスト教研究のための基本文献として世界中で使用されている。

古典とその概説書

アウグスティヌス『告白（Ⅰ、Ⅱ、Ⅲ）』（山田晶訳、中公文庫、2014年）

キリスト教文学の古典中の古典。西方キリスト教界最大の教父であるアウグスティヌスが、キリスト教に回心した後の視点から、自らの半生を振り返りつつ、神、世界、人間について、深い洞察を繰り広げている。悪と自由意志の問題など、重要な神学的問題が具体的な経験に基づいて考察される名著中の名著。

山田晶
『アウグスティヌス講話』
（講談社学術文庫、1995年）

著者は、我が国における中世哲学研究（アウグスティヌス、トマス・アクィナス）の開拓者の一人。深い学識に基づきつつ、平易な言葉で語られたアウグスティヌスの思想のエッセンスが、そのままでキリスト教に対する最良の入門書ともなっている。古典を現代に甦らせるとはどういうことか、まざまざと感得させてくれる一冊。

トマス・アクィナス
『神学大全 I』
『神学大全 II』
（山田晶訳、中公クラシックス、2014年）

『神学大全』第一部「神論」の冒頭部分の抄訳。中世哲学研究の第一人者であった山田晶による詳細な訳註が付いており、初学者に大変便利。この訳註は、単に『神学大全』を読み解いていくために役立つのみではなく、西洋哲学の根本概念の正確な意味を理解するためにとても有益。トマス入門としても、スコラ哲学入門としても、西洋哲学入門としても、最もお薦めの一冊。

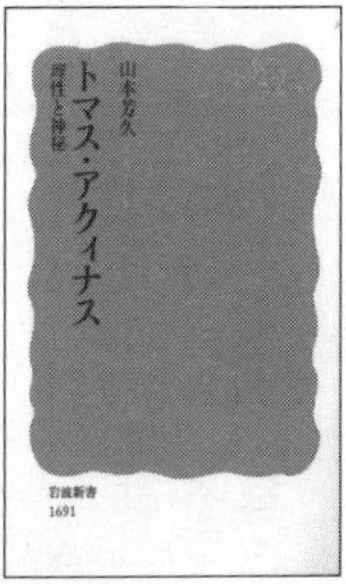

山本芳久
『トマス・アクィナス　理性と神秘』
（岩波新書、2017年）

日本語で読めるトマスの入門書や概説書は、トマスの哲学者としての側面に焦点を当てたものが大多数であった。そのなかで、本書は、哲学者でもあり神学者でもあるトマスの全体像を、「理性と神秘」という観点から浮き彫りにしている。人間であれば誰でも有する普遍的な「理性」を重視しつつ、「理性」を超えたキリスト教的な神の「神秘」を徹底的に探究するトマスの思惟の根本的な特徴を分かりやすく体系的に分析している。

マルティン・ルター
『キリスト者の自由——訳と注解』
（徳善義和訳注、教文館、2011年）

「キリスト者はすべてのものの上に立つ自由な主人であって、だれにも服しない」「キリスト者はすべてのものに仕える僕《しもべ》であって、だれにでも服する」という緊張関係にある二命題を徹底的に展開しながら執筆された宗教改革者ルターの思想のエッセンス。訳者による詳しい注解が大変有用。二〇一七年に五百周年を迎えた宗教改革の精神を知るために最適の書。

パスカル
『パンセ』
（田辺保訳、教文館、2013年）

「クレオパトラの鼻、それがもう少し低かったら、地球の全表面は変わっていただろう」「理性の最後の一歩は、自分を超えるものが無限にあることを認めることである」といった魅力的な断章の積み重ねによって構成されたキリスト教弁証書。人間の栄光と悲惨についての鋭い洞察に満ちた諸々の断章は「キリスト教弁証」という枠を超えて多くの読者に感銘を与えてきた。中公文庫や岩波文庫でも入手可能。

現代のキリスト教

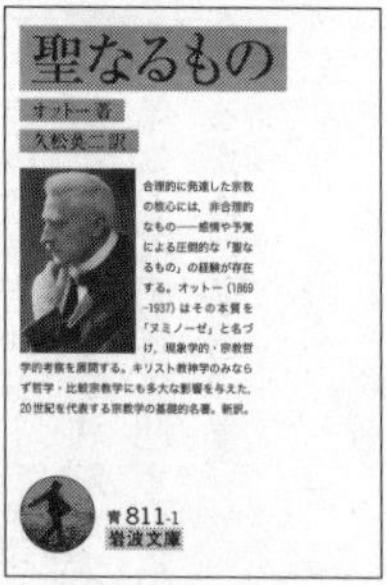

ルドルフ・オットー
『聖なるもの』
（久松英二訳、岩波文庫、2010年）

ルドルフ・オットーは、ドイツを代表するプロテスタント神学者であり、同時に宗教学者でもあった。東西宗教の比較研究に大きな貢献をするとともに、宗教の本質を独自の観点から捉えなおす『聖なるもの』を発表した。本書においてオットーは、宗教の本質を、非合理的・神秘的な「聖なるもの」または「ヌミノーゼ（戦慄すべく、かつ魅惑する神秘）」と名づけ、現代に至るまで、宗教学の基礎理論として多大な影響を与え続けている。

G・K・チェスタトン『正統とは何か』
（安西徹雄訳、春秋社、新版2019年）

「ブラウン神父もの」で有名な作家チェスタトンによる、正統的キリスト教を情熱的に擁護する警句と逆説と諧謔に満ちた論考。「正統ほど危険に満ち、興奮に満ちたものはほかにかつてあったためしがない」という観点から、「正統のロマンス」が語り明かされる。天才的洞察に満ちた第一級の文学的神学書。チェスタトンは、トマス・アクィナスの名評伝の著者でもある。

テレーズ・マルタン『幼いイエスの聖テレーズ自叙伝　その三つの原稿』
（東京女子跣足カルメル会訳、伊従信子改訳、ドン・ボスコ社、2018年）

跣足カルメル会の修道女であったテレーズ・マルタンの正式な修道名は「幼きイエズスのテレジア」。二十四歳で夭折したが、彼女が自叙伝において説いた「小さい道」――幼子のように何の恐れもなく父なる神の腕の中にまどろむ委託の霊性――は世界中に多大な共感の嵐を巻き起こした。純真さに満ちた彼女の生涯は映画化もされ、現代における最も人気のある聖人の一人となっている。

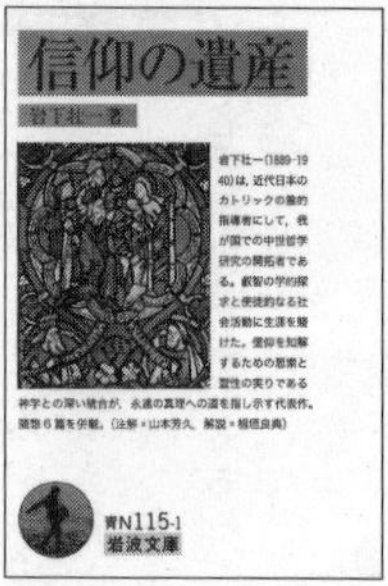

岩下壮一
『信仰の遺産』
（岩波文庫、2015年）

岩下壮一は、我が国におけるスコラ哲学・カトリック神学研究の開拓者である。戦前に刊行された本書は、古い書物であり、現代においてそのままでは通用しにくい部分もあるが、開拓者特有の新鮮な息吹に満ちており、その意味において、現代においても大きな刺激を与えうるスコラ哲学・カトリック神学への入門書と言える。岩下による体系的なカトリシズムの解説である『カトリックの信仰』もちくま学芸文庫から刊行されている。

教皇ヨハネ・パウロ二世
『回勅　信仰と理性』
（久保守訳、カトリック中央協議会、2002年）

信仰と理性との関係は、キリスト教神学の根本問題である。ヨハネ・パウロ二世は、世俗化した現代世界において、信仰と理性との生産的な相互関係について、そして現代人が理性に基づいて信仰を抱きうる可能性について、古代から現代に至る様々な神学者の洞察を援用しながら再考している。

教皇フランシスコ
『回勅　信仰の光』
（カトリック中央協議会司教協議会秘書室研究企画訳、カトリック中央協議会、2014年）

前教皇ベネディクト十六世によって準備され、現教皇フランシスコによって完成され発布された回勅。現代におけるキリスト教信仰の可能性と意義を短い紙幅のなかで掘り下げて考察した名著。教皇ベネディクト十六世によって発布された回勅『神は愛』『希望による救い』と合わせて、「信仰・希望・愛」というキリスト教の伝統的な教え（神学的徳）の核心が、現代的文脈の中で鮮やかに語り直されている。

教皇ベネディクト16世（ヨゼフ・ラツィンガー）『ナザレのイエス』
（里野泰昭訳、春秋社、2008年）

現代を代表する神学者の一人である前教皇ベネディクト十六世が、教皇在位中に、教皇としての立場ではなく、個人としての立場で出版したイエスについての本格的な評伝。中世神学の研究者として出発しつつ古代から現代に至る神学と聖書学の全体に通じた著者ならではの、イエス・キリストについての総合的なヴィジョンが提示される現代の古典。続編である『ナザレのイエスII　十字架と復活』『ナザレのイエス　プロローグ――降誕』も邦訳されている。

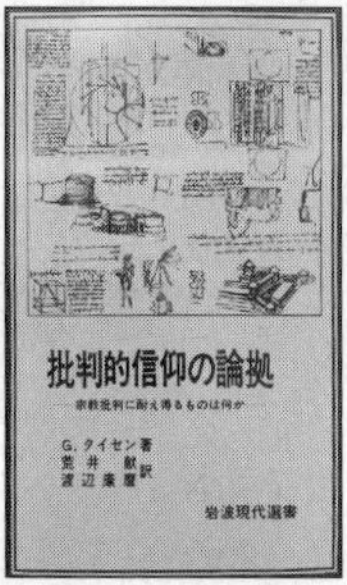

ゲルト・タイセン『批判的信仰の論拠——宗教批判に耐え得るものは何か』（荒井献・渡辺康麿訳、岩波現代選書、1983年）

「宗教は病的なものか」「宗教は時代遅れのものか」「宗教的表象は投影か」「宗教的戒命は暗示か」といった観点から、現代を代表する宗教批判の言説を取り上げつつ、それらへの反批判を繰り広げながら現代におけるキリスト教信仰の可能性を問い抜いた名著。著者のタイセンは現代ドイツを代表する聖書学者・神学者。

無教会とその周辺

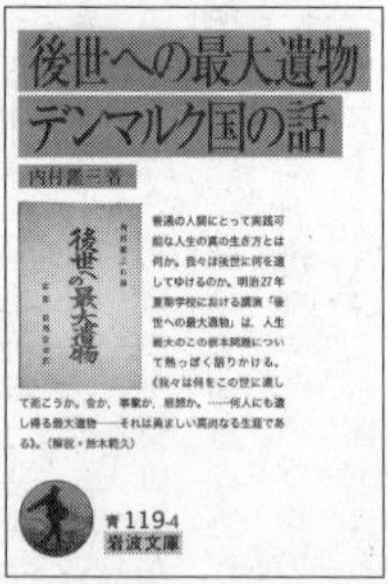

内村鑑三
『後世への最大遺物・デンマルク国の話』
（岩波文庫、1946年）

若き内村鑑三が、キリスト教に深い関心をもつ青年たちを前に行った講演録。この講演で内村は、後世に遺すことのできるもっとも貴いものは「勇ましい高尚なる生涯」だという。それは「この世の中はこれはけっして悪魔が支配する世の中にあらずして、神が支配する世の中であるということを信ずること」であるともいう。内村は優れた文章家だったが、その精髄は語りのなかにより鮮明に感じられる。内村自身による「内村鑑三入門」というべき一冊。

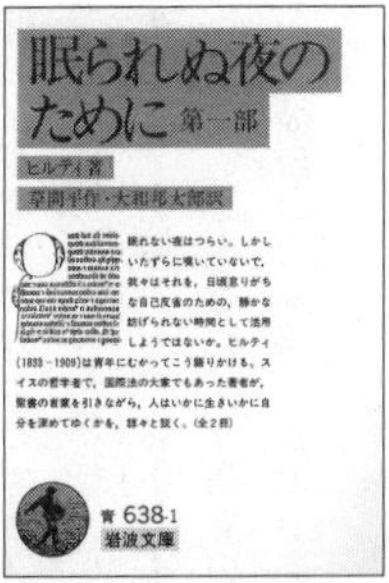

カール・ヒルティ『眠られぬ夜のために 第一部・第二部』
(草間平作・大和邦太郎訳、岩波文庫、1948年)

作者は、国際法の大家にして、思索者、そしてヨーロッパにおける教会のあり方において刷新を呼びかける者でもあった。ヒルティが日本でこれほど深く受け入れられた要因のひとつは無教会運動の第二世代(内村の高弟たち)がヒルティを深く受容したことにあった。その経緯は高橋三郎の『無教会とは何か』(教文館)に詳しい。良質な思索の書であり、優れた聖書入門でもある。日々、数ページずつ読んでもよい、まさに枕頭の書。

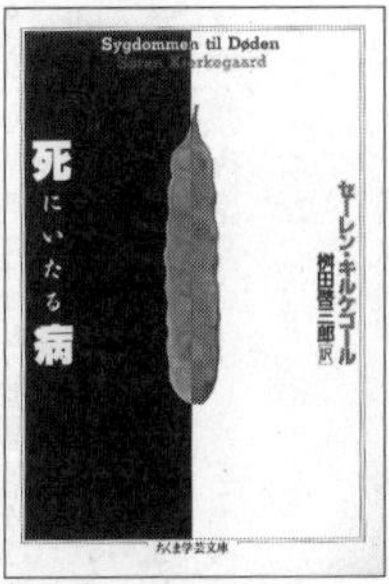

セーレン・キルケゴール『死にいたる病』
(桝田啓三郎訳、ちくま学芸文庫、1996年)

死にいたる病とは絶望である、とキルケゴールはいう。この本は単なる絶望論ではなく、神の力はあらゆる絶望の壁を突き破る、という信仰告白の書でもある。この本にふれ、彼は「あの書物は詩なのだ――だからわたしの生活は、謙虚に、その反対のものを、弱さを、明らかに表現していなくてはならない」と述べている。この本を記号的に読むことは、キルケゴールの願いを無にすることになる。その言葉は文字の奥の世界に読者を誘《いざな》う。

原文は英語である。さまざまな訳書があるが、新渡戸の信仰をよく理解しつつ、翻訳されているのは弟子でもあった矢内原訳だ。「武士道は最初は選良《エリート》の光栄として始まったが、時をふるにしたがい国民全般の渇仰および霊感となった」と新渡戸はいう。「武士道」は、道徳的規範ではなく、霊性そのものであり、キリスト教も、日本では、武士道という土壌に花が咲くのではないかという彼自身の実感の書でもある。

新渡戸稲造
『武士道』
（矢内原忠雄訳、岩波文庫、1938年）

キリスト教入門として、この本を挙げることに奇異の感を抱くかもしれない。だが、ある意味では無教会の伝統に、もっとも豊かに開花した宗教的著作の一つだといってよい。神谷は幼いころから新渡戸と親しくし、内村の高弟だった金澤常雄は叔父で、師と仰いだ三谷隆正、書籍を通じて影響を受けた藤井武も、内村門下だった。神谷は、キリスト教を出発点とし、その枠を創造的に越えていった。

神谷美恵子
『生きがいについて』
（みすず書房、2004年）

カトリック文学

吉満義彦　若松英輔編『文学者と哲学者と聖者　吉満義彦コレクション』（文春学藝ライブラリー、2022年）

戦前期の日本には、カトリックの霊性を生きる個性的な人が少なくなかった。吉満はそのなかでも、岩下と並ぶ最重要の人物だった。彼は、哲学者だが、晩年は司祭になろうとしていた。また、彼は文学的感性にも優れ、堀辰雄、渡辺一夫、小林秀雄らとも親交を深め、遠藤周作にも影響を与えた。この本はそうした分野を架橋する彼の知性、感性、霊性が、じつによく感じられる一巻選集。エッセイとしても秀逸で彼の豊かな詩情を味わうことができる。

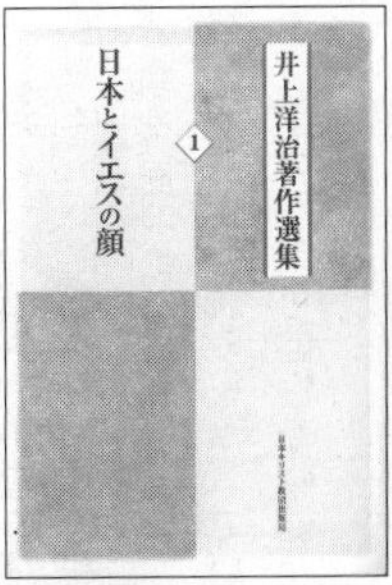

井上洋治
『日本とイエスの顔（井上洋治著作選集1）』
（日本キリスト教団出版局、2015年）

どうすればキリスト教が日本の文化に根づき、開花するのかを、井上洋治は生涯問い続けた。本書は彼の最初の著作にして、代表作。キリスト教の信仰を生きるのは、自分のイエスの「顔」を見つけることだと、つねづね語っていた。そのためには自分の霊性を語り得る言葉、イマージュ、視座を体得しなくてはならないという。自身の経験に裏打ちされた平易な言葉で、日本におけるキリスト教的霊性を探求した求道の書。

遠藤周作
『沈黙』
（新潮文庫、1981年）

日本にキリスト教文学と呼べるものがあるとすれば、この作品を無視して語ることはできない。島原の乱以後の長崎を舞台にして描かれたキリシタンと棄教をめぐる物語だ。しかし、この作品は、厳密な意味での史実を語った歴史小説ではない。むしろ、歴史的世界を背景に、信仰はどこにあるのかを探った現代小説として読んだ方がよいように思われる。強いられた棄教を経てもなお深化するという信仰の秘義を描き出した問題作。

越知保夫
『新版　小林秀雄　越知保夫全作品』
（慶應義塾大学出版会、2016年）

作者の名前を知る人は少ないかもしれないが、日本キリスト教文学における批評の基点と呼ぶべき作品群を残した人物。生前は、著作を刊行することなく逝ったが、没後に編まれた著作は、島尾敏雄、遠藤周作、井上洋治といった人物の心を揺さぶった。代表作は「小林秀雄論」と日本における愛の源泉を論じた「好色と花」。没後五〇年を経て、静かに読み継がれていることが、彼の文学の潜在可能性を物語っている。

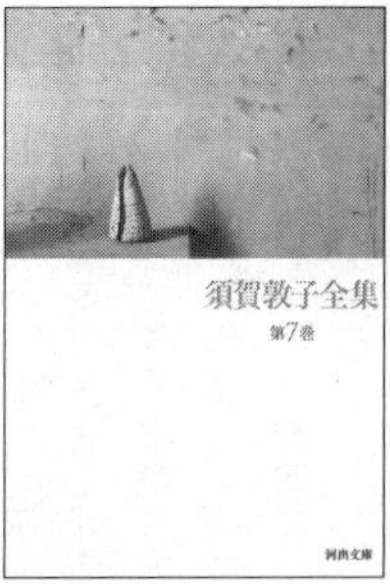

須賀敦子
『須賀敦子全集』第七・八巻
（河出文庫、2007年）

彼女がカトリックであることは生前、あまり広く知られていなかった。しかし、事実は熾烈な、といってよい信仰を生きていた。ここに挙げた二巻は、そうした彼女の軌跡がありありと感じられる記録。ヨーロッパに移り住む以前に書いたエッセイ、コルシア書店の一員になったあと、日本の友人たちに送った冊子「どんぐりのたわごと」もここで読める。これらを読んで『コルシア書店の仲間たち』に立ち戻ると、彼女の言葉はいっそう立体的になってくる。

キリスト教芸術

塔和子『希望よあなたに
塔和子詩選集』
（編集工房ノア、2008年）

文学もまた芸術であることを、改めて思い出させてくれるのは詩だ。日本にもキリスト教詩人と呼ばれる人は少なくない。なかでも現代に生きた人物として、また、詩の門を広く開く存在として紹介したいのが塔和子だ。信仰とは、肉体的な生命を超えた「いのち」の次元を生きることであり、詩とは「いのち」に宿った言葉を、他者の「いのち」に送り届けようとすることにほかならない、という確信が彼女の作品の核となっている。

チャールズ・ディケンズ
『クリスマス・キャロル』
（脇明子訳、岩波少年文庫、2001年）

キリスト教の世界を描き出す童話は数多い。C・S・ルイスの『ナルニア国ものがたり』、トールキンの『指輪物語』もそうした作品である。二つ共に長編で「入門」としてハードルが高い。この作品は中編というほどの長さだが、じつに充実している。物と愛、仕事と献身、生者と死者、自己と他者などじつにさまざまな読み方ができる良書だ。ただ、この作品では教会がまったく描かれない。そこには作家のキリスト教界への強い批判もある。

舟越保武
『舟越保武全随筆集　巨岩と花びら ほか』
（求龍堂、2012年）

キリスト教の世界は、言語には到底収まらない広がりを有していて、私たちはその霊性を言葉以外からも受けとることができる。舟越は、現代日本を代表する彫刻家のひとりだが、敬虔なカトリックでもあった。彼の作品は、清らかななかに悲しみを浮びあがらせ、無名な者のなかに大いなる者のはたらきを感じさせる。彼は随筆家としても優れていた。彫刻とは、「かたち」というコトバによる詩作であることが、彼の軌跡から伝わってくる。

佐藤初女『おむすびの祈り　「森のイスキア」こころの歳時記』
（集英社文庫、2005年）

聖職者や神学者、あるいは芸術家たちだけでなく、在野の実践者によってもキリスト教の霊性は豊かに育まれてきた。作者はそのなかでも、もっとも影響力をもった人物の一人だった。彼女が生涯考え続けたのは「いのち」とは何かだった。その過程で佐藤は「いのち」と食が、不可分の関係にあることを発見していく。近代の宗教はいつしか過度に精神化した。佐藤の言葉はそれを大地の次元、「からだ」の次元に引き戻す、確かな道しるべを示してくれる。

辰巳芳子『食に生きて　私が大切に思うこと』
（新潮社、2015年）

ミサが、最後の晩餐の追体験であるようにキリスト教は「食」を根幹においている。聖書における「食」の重要性はもっと真剣に顧みられてよい。現代人は何を食べるのかを考えるのに忙しく、「食べる」とは何かをほとんど考えない。しかし、作者は一貫して「食べる」とは何かを考えてきた。それは、同時にいかにして大いなるものから「いのち」を受け取るかに通じていた。「食」の神学と呼ぶべきものが、辰巳の全著作を貫いている。

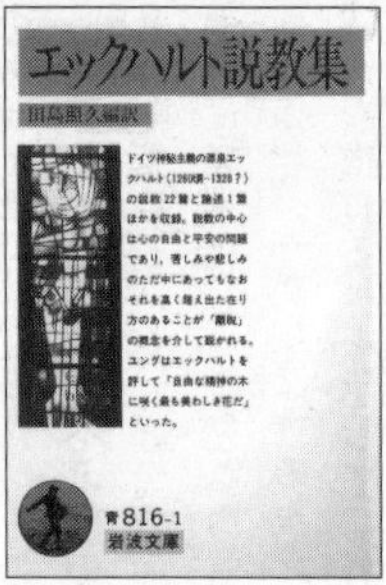

『エックハルト説教集』
（田島照久編訳、岩波文庫、1990年）

人生の危機にあるとき、この一冊に助けられた。キリスト教ドイツ神秘主義の源泉ともいうべき人物の説教集である。内村鑑三がそうだったように宗教者の場合、「語り」の言葉に力が宿る。イエスも「語る」人だった。エックハルトは神秘を説明しない。それを聞く者の心の奥に届けようとする。ユング、鈴木大拙が愛読したことでも知られる。キリスト教の門を広く開いた霊性の巨人と呼ぶべき人物の信仰告白の書だ。翻訳も素晴らしい。

カール・バルト
『教義学要綱』
（井上良雄訳、新教出版社、1993年）

二十世紀のキリスト教神学の発展において決定的な影響力をもった作者のエッセンスがつまった一冊。バルトは、生涯を賭して、トマス・アクィナスの『神学大全』を思わせる大部の『教会教義学』を書いた。その根幹にあるものを平易な言葉で語り直したもの。われ信ず、と告白するとき、人は独りでいることはできない。そこにはかならず神が随伴するとバルトはいう。想念ではなく、二度の世界大戦を生き抜いた者による生ける言葉。

ディートリヒ・ボンヘッファー『共に生きる生活　ハンディ版』
（森野善右衛門訳、新教出版社、2014年）

バルトに影響を受けながら、独自の道を切り拓いた神学者にして牧師。いち早くナチスに抵抗しただけでなく、ヒトラーの暗殺計画に関与し、逮捕、処刑された。だが彼は、ガンディーにも深く学んだ非暴力の提唱者であり、キリスト教という枠にとらわれない、開かれた霊性を説く人物でもあった。本書は、端的にボンヘッファーの神学と霊性を伝える。彼が獄中から恋人に送った書簡もよい。須賀敦子らのカトリック左派の人々にも影響を与えた。

アレクシー・カレル『ルルドへの旅』
（田隅恒生訳、中公文庫、2015年）

奇跡とは何かを考えるとき、カトリックにおける「聖地」の存在を見過ごすことはできない。本書は、ノーベル賞を受賞した医師による実体験をもとにした、奇跡をめぐる「小説」である。当初、奇跡に対して懐疑的だった作者は、ルルドへと巡礼してきた、あきらかに不治の病を背負う人が癒されていくのを目撃する。その衝撃をありありと語った一冊。結論の書ではなく、問いの書として読むとき、病気治癒を超えた更なる奇跡に目が開かれるようにも思われる。

トマス・マートン
『「アジア日記」』
（伊東和子・五百旗頭明子訳、聖母文庫、2007年）

マートンは、厳格な規律を守る、トラピスト会（厳律シトー会）の修道司祭で、彼は、ほとんどの生活を修道院のなかで過ごした。しかし、次第にその言葉はキリスト教の枠を超え、さまざまな宗教に影響を与えた。その霊性の交わりは第二ヴァチカン公会議を先取りしていたといってよい。本書には鈴木大拙、ダライ・ラマとの交友があったことも記されている。本文でふれた最後の講演「マルクス主義と修道生活の展望」も収録されている。

「無名のキリスト者」たち

シモーヌ・ヴェイユ
『重力と恩寵』
（田辺保訳、ちくま学芸文庫、1995年）

ヴェーユは、キリスト教の洗礼を受けてはいないが、たしかに「キリスト」とは深く交わっていることが、その言葉、その行動の軌跡からにじみ出ている。信仰とは何かよりも、求道とは何かをかいま見させてくれる。別の言い方をすれば、信仰とは終わりのない求道であることを彼女の生涯が体現してくれている。ヴェーユは生前、本を刊行することはなかった。しかし、今、世界がその言葉を受け継ごうとしている。

アンリ・ベルクソン
『道徳と宗教の二源泉』
（平山高次訳、岩波文庫、1977年）

作者の最後の主著であり、宗教哲学の一つの基点となる名著。宗教が個々の伝統を守りながら、同時に霊性的地平が「開かれていく」という、のちのキリスト教の動向を予言していたような著作でもある。ユダヤ人である彼は遺書で、自らはすでにカトリックとなっていて、葬儀も神父によって執り行われるのを望むと明示していた。彼が洗礼を受けなかったのはナチスドイツによるユダヤ人への弾圧を前に同胞として生きたかったからだった。

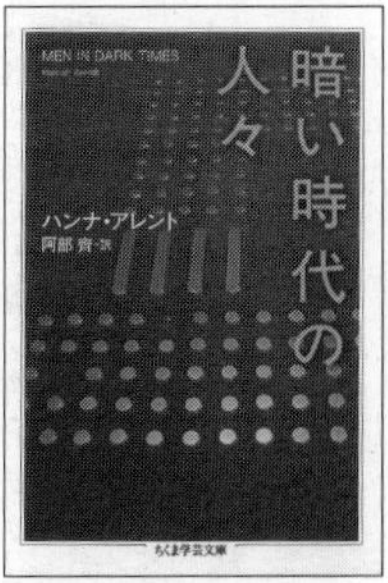

ハンナ・アレント
『暗い時代の人々』
（阿部齊訳、ちくま学芸文庫、2005年）

本書には、第二ヴァチカン公会議を開いた教皇ヨハネ二十三世の端的な評伝が収められている。作者はその生涯を冷静に、しかし熱のある言葉で語る。アーレントはユダヤ人だが、キリスト教と緊密な関係をもって生きた。代表作『活動的生』（英語版『人間の条件』）にも、彼女のキリスト教経験の痕跡を見ることができる。キリスト教の真の脅威は、マルクス主義よりもパスカルとキルケゴールといった内的な告発者であるという視座は注目してよい。

山崎弁栄
『人生の帰趣』
（岩波文庫、2018年）

明治、大正期に浄土宗のなかに霊性の改革と言うべき運動を起こした人物の遺稿集。弁栄《べんねい》の教えは「光明主義」と呼ばれる。彼は「霊性」という言葉を本格的に用い、それを体系的に論じた人物でもあったが、同時にキリスト教からも大胆に学び、その思想を構築していった。弁栄の言葉は文語体に近いものだが、そこに秘められているものは、じつに未来的だといってよい。彼の霊的遺産というべきものには、後世のキリスト者によってこそ、発見されるべきものも少なくない。

柳宗悦
『宗教とその真理』
（『柳宗悦全集』第二巻、筑摩書房、1981年）

近代日本において、キリスト教哲学をもっとも早い時期に論じたひとりが柳宗悦だった。岩下壮一と同年の生まれだが、岩下がヨーロッパに留学する以前に柳はすでに本書に収録された主な論考を書いている。キリスト教神秘主義を柳のような主体性をもった言葉で語る、真の意味での「哲学」の書は、彼の後、この国にはまだ生まれていない。この巻にある「即如の種々なる理解道」は、宗教哲学者柳宗悦の主著ともいうべき作品。

文庫版あとがき

山本芳久

『キリスト教講義』は、私がこれまでに刊行したいくつかの書物のなかでも、最も思い出深い書物です。それは、なによりも、三十年にわたって親交を深めてきた畏友《いゆう》若松英輔さんとの初めての共著だからです。「キリスト教」をめぐる何度かにわたる二人の対談を書籍化したのが『キリスト教講義』ですが、その作成過程で、私も、若松さんも、担当編集者の鳥嶋七実さんもとても驚いたことがあります。毎回、ほとんど打ち合わせをせずに神学・哲学・文学の様々なテクストを持ち寄り、それらに基づいて対話を進めていったのですが、お互いの持ち寄るテクストが実に絶妙な仕方で共鳴し、その不思議な響き合いのもとに、「愛」や「神秘」や「言葉」といったキリスト教の本質に関わるテーマについての刺激的な対話を交わすことができたのです。古今東西の様々な書物が響き合うなかで、私も若松さんの心との新たな響き合いを感じながら対話を進めていくことができました。

若松さんと鳥嶋さんと私、そして折に触れて同席してくださった文藝春秋の大川繁樹さんが共有していた、キリスト教についてのこれまでになかった書物を生み出したいという強い思いが、こうした不思議な共鳴の原動力になったのだと思います。そして、そこに生まれていた熱量の大きさが、この本に持続的な生命力を与えてくれているのだと、あらためて痛感しています。

今回、『キリスト教講義』が文庫化されることとなり、私が何よりも嬉しく思っているのは、こうした「共鳴」や「響き合い」を新たな読者のみなさまと共有できる機会が与えられたからです。

聖書であれ、アウグスティヌスやトマス・アクィナスなどの著作であれ、「古典」と呼ばれる作品に触れることが、単に知識を得ることに過ぎないのであれば、それほど退屈で無味乾燥な営みはないかもしれません。これらの「古典」を読むことに意味があるのは、それらの書物が、私達の心の内奥に深く触れ、「共鳴」や「響き合い」の連鎖を引き起こしてくれるからこそだと思います。

「まえがき」でも書きましたように、この本は、『キリスト教入門』でもなければ『キリスト教概論』でもありません。キリスト教についての基本的な知識を教科書的に提供する類《たぐい》の書物ではないのです。そうではなく、若松さんと私の心に深く触れ、生きる糧ともなっているキリスト教のテクストをお互いに共有するだけでなく、読者のみなさまとも広く共有していくなかで、読者の一人ひとりが、一つでも良いので、自らの心に深く触れるテクストを見出し、「共鳴」の連鎖が広がっていくことを願いながら、「対談」という臨場感のある形式でキリスト教の魅力と可能性について語り明かした書物なのです。

そうした核となるテクストを一つでも見出すことができれば、心に蒔《ま》かれた言葉という種が少しずつ育ち、読者の一人ひとりがそれぞれの人生を生き抜くうえでの力となる大きな実りを結んでいってくれることでしょう。「言葉」にはそのような力があると私は強く信じています。キリスト教についてのたくさんの知識を頭に詰め込むよりも、心に触れる一つひとつの言葉との出会いを大切にすることこそが、イエスの伝えたメッセージを生かすための最善の道だと思います。

詳細なブックリストも末尾に付しておきましたので、更なる言葉の種まきのために活用していただけますと幸いです。

本書が「文春学藝ライブラリー」という形で新たな生命を与えられるにさいしては、担当編集者の加藤はるかさんから大きなお力添えをいただきました。記して感謝申し上げます。

文庫版あとがき

この対話は、山本芳久さんとのあいだでなくては実現しなかったし、試みようとも思わなかっただろう。対話とは、語り合う二者のあわいに真実を浮かび上がらせようとする挑みであるが、同時に、気が付かない自己の声を眼前の他者から聞くということでもある。

本書が生まれる過程で私は、山本さんから深く学び、幾多の気づきを得たが、何より驚いたのは、山本さんの言葉によって自分の心中にあって、探しあぐねていたいくつかの大切な問題が照らし出されるという経験だった。

対話の最中ではなく、ふとしたとき、彼に天使とはどんな存在なのだろうと訊ねたことがあった。「それは純粋に霊的な存在ということなのです」と山本さんはいう。

この言葉にふれたとき、私は「霊的」ということをいまさらのように感じ直すことができた。「霊的」ということが、単に目に見えず、手にふれ得ない存在であることを意味するだけでなく、「神とのつながりのなかにあることとして」という語感があることをはっきり認識することができたのである。

本書の初版が刊行されたのは二〇一八年一二月である。四年半が経過したことになる。その間にコロナ危機があり、山本さんとは『危機の神学』という対話篇を世に送った。

もう一つ、本書でも一度ならず言及した、哲学者吉満義彦の選集を編む機会に恵まれた。吉満義彦の遺産は大きい。彼から学ぶべきことは尽きないが、改めて感じ直しているのは、彼の天使論である。

「天使」と題する小品で彼は「天使を黙想したことのない人は形而上学者とは言えない」と述べ、「民衆と天使」では「人々が『原歴史』(Urgeschichte)と言うように『原社会』的にこの民衆にかくれた天使たちをわれらの守護の天使を心深く見いださねばならない」とも書いている。現代人はいつしか、この世が天使と共にある世界であることを見失ったというのである。

天使は、さまざまなかたちで人間を守護する。ときに警告することもまた、形を変えた守護なのだが、そうした天使の聞こえざる声を人間はいつからか受け取ることができなくなっている、と吉満は嘆く。だが、別なところで吉満は、人間と天使を混同することを強く戒めてもいる。

しかし繰り返し申しますが、われわれは人間であって天使ではなく、われわれは人間的実存の外に立って天使的歌を歌うことはできないのです。(「リルケにおける詩人の悲劇性」)

天使とともにありながら、人間として生まれた宿命を生き切ること、ここに人間に託された重大な使命がある、というのである。

本書は最初、鳥嶋七実さんに編集を担当していただいた。彼女の参与は月並みな意味での編集ではなく、沈黙の対話者でもあった。山本さんだけでなく、彼女がいなくてもこの本は生まれなかったと思う。この場を借りて改めて謝意を伝えたい。

文庫版は、加藤はるかさんに担当していただけた。吉満義彦の選集も加藤さんとの協同の仕事だったが、そこに連なる霊性を問う一冊をともに編み直す機会が与えられたことにも深い感謝を感じている。

若松　英輔

二〇二三年四月

単行本　二〇一八年十二月　文藝春秋刊
協力　ＮＨＫ文化センター
ＤＴＰ制作　ローヤル企画

若松英輔（わかまつ　えいすけ）
1968（昭和43）年、新潟県生まれ。慶應義塾大学文学部仏文科卒業。「越知保夫とその時代　求道の文学」で三田文学新人賞評論部門当選、『叡知の詩学　小林秀雄と井筒俊彦』で西脇順三郎学術賞、『詩集　見えない涙』で詩歌文学館賞、『小林秀雄　美しい花』で角川財団学芸賞と蓮如賞を受賞。「読むと書く」主宰。『吉満義彦　詩と天使の形而上学』『生きる哲学』『イエス伝』『霧の彼方　須賀敦子』『日本人にとってキリスト教とは何か』など著書多数。

山本芳久（やまもと　よしひさ）
1973（昭和48）年、神奈川県生まれ。東京大学大学院総合文化研究科教授。東京大学大学院人文社会系研究科博士課程修了。博士（文学）。専門は哲学・倫理学（西洋中世哲学・イスラーム哲学）、キリスト教学。2018年『トマス・アクィナス　理性と神秘』でサントリー学芸賞受賞。著書に『トマス・アクィナスにおける人格《ペルソナ》の存在論』『トマス・アクィナス　肯定の哲学』『世界は善に満ちている』『キリスト教の核心をよむ』『「愛」の思想史』など。

文春学藝ライブラリー
思29

キリスト教講義《きょうこうぎ》

2023年（令和5年）6月10日　第1刷発行

著　者　若　松　英　輔
　　　　山　本　芳　久
発行者　大　沼　貴　之
発行所　株式会社　文　藝　春　秋
〒102-8008　東京都千代田区紀尾井町3-23
電話（03）3265-1211（代表）

定価はカバーに表示してあります。
落丁、乱丁本は小社製作部宛にお送りください。送料小社負担でお取替え致します。

印刷・製本　光邦
Printed in Japan
ISBN978-4-16-813106-6

（　）内は解説者。品切の節はご容赦下さい。

近代以前
江藤　淳
日本文学の特性とは何か？　藤原惺窩、林羅山、近松門左衛門、井原西鶴、上田秋成などの江戸文藝に沈潜し、外来の文藝・思想の波に洗われてきた日本の伝統の核心に迫る。（内田　樹）
思-1-1

保守とは何か
福田恆存（浜崎洋介 編）
「保守派はその態度によつて人を納得させるべきであつて、イデオロギーによつて承服させるべきではない」——オリジナル編集による最良の「福田恆存入門」。（浜崎洋介）
思-1-2

聖書の常識
山本七平
聖書学の最新の成果を踏まえつつ、聖書に関する日本人の誤解を正し、日本人には縁遠い旧約聖書も含めて、「聖書の世界」全体の見取り図を明快に示す入門書。（佐藤　優）
思-1-3

わが萬葉集
保田與重郎
萬葉集が息づく奈良県桜井で育った著者が歌に吹きこまれた魂の追体験へと誘い、萬葉集に詠みこまれた時代精神と土地の記憶を味わいながら、それが遺された幸せを記す。（片山杜秀）
思-1-4

「小さきもの」の思想
柳田国男（柄谷行人 編）
『遊動論 柳田国男と山人』（文春新書）で画期的な柳田論を展開した思想家が、そのエッセンスを一冊に凝縮。柳田が生涯探求した問題は何か？　各章に解題をそえた文庫オリジナル版。
思-1-5

ルネサンス 経験の条件
岡崎乾二郎
サンタ・マリア大聖堂のクーポラを設計したブルネレスキ、ブランカッチ礼拝堂の壁画を描いたマサッチオの天才の分析を通して、芸術の可能性と使命を探求した記念碑的著作。（斎藤　環）
思-1-6

ロゴスとイデア
田中美知太郎
ギリシャ哲学の徹底的読解によって日本における西洋哲学研究の基礎を築いた著者が、「現実」「未来」「過去」「時間」といった根本概念の発生と変遷を辿った名著。（岡崎満義）
思-1-8